创业导航

CHUANGYE DAOHANG

柴义江　刘凤云　主 编

扫码申请
教师教学资源

扫码查看
学生学习资源

南京大学出版社

内 容 简 介

我国已进入"全民创业"的时代。自 2014 年夏季达沃斯论坛上李克强总理第一次提出"大众创业，万众创新"之后，我国掀起了创新创业大潮。创业，引领了科学技术创新，营造了当代商业繁荣。本书以创业教育为主线，采用项目化编写体例，每个项目包含理论知识讲坛和项目实践训练，体现了理论与实践的结合。全书共分为 8 个项目，完整覆盖创业过程所需的各种知识、技能，包括创业意识、创业机会、创业团队、创业资金、创业财务和法律知识，直至创办企业的全部流程。

本书结构科学、完整，内容丰富、实用，指导性、可操作性强，适合不同层次、不同类型创业者的学习和阅读，既可以作为高校创新创业课程教材使用，也可以作为有志于创业的社会人士了解和学习创业知识的自学读本。

图书在版编目（CIP）数据

创业导航 / 柴义江，刘凤云主编.-- 南京：南京
大学出版社，2017.9（2021.9 重印）
ISBN 978-7-305-19140-4

Ⅰ.①创…Ⅱ.①柴…②刘…Ⅲ.①创业－高等学
校－教材Ⅳ.①F241.4

中国版本图书馆 CIP 数据核字(2017)第 188823 号

出版发行　南京大学出版社
社　　址　南京市汉口路 22 号　　邮编　210093
出 版 人　金鑫荣

书　　名　创业导航
主　　编　柴义江　刘凤云
策划编辑　胡伟卷
责任编辑　胡伟卷　蔡文彬　　编辑热线　010-88252319

照　　排　北京圣鑫旺文化发展中心
印　　刷　南京新洲印刷有限公司
开　　本　787×1092　1/16　印张 11.75　字数　293 千
版　　次　2017 年 9 月第 1 版　2021 年 9 月第 4 次印刷
ISBN 978-7-305-19140-4
定　　价　29.80 元

网址：　http://www.njupco.com
官方微博：　http://weibo.com/njupco
微信服务号：njuyuexue
销售咨询热线：（025）83594756

前　言

李克强总理在 2014 年 9 月的夏季达沃斯论坛发出"大众创业,万众创新"的号召,提出要在中国掀起"大众创业""草根创业"的新浪潮,形成"万众创新""人人创新"的新态势。李克强总理在 2015 年政府工作报告又提出"大众创业,万众创新"。2015 年 6 月 11 日,国务院以国发〔2015〕32 号文件印发《关于大力推进大众创业万众创新若干政策措施的意见》,明确指出:推进大众创业、万众创新,是发展的动力之源,也是富民之道、公平之计、强国之策,对于推动经济结构调整、打造发展新引擎、增强发展新动力、走创新驱动发展道路具有重要意义,是稳增长、扩就业、激发亿万群众智慧和创造力,促进社会纵向流动、公平正义、实现富民之道的有效途径和重大举措。

面对新的形势,我们必须着力营造大众创业、万众创新蔚然成风的社会环境和文化氛围,让每一个充满梦想并愿意为之努力的人获得成功。2015 年 5 月 4 日,国务院办公厅下发《关于深化高等学校创新创业教育改革的实施意见》,要求各高校面向全体学生开发创业基础等方面的必修课和选修课,并纳入学分管理,这标志着中国的创业教育由精英教育向通识教育的转变。深化高校创新创业教育改革,是国家实施创新驱动发展战略、促进经济提质增效升级的迫切需要,是推进高等教育综合改革、促进高校毕业生更高质量创业就业的重要举措,对于促进高等教育与科技、经济、社会紧密结合,加快培养规模宏大、富有创新精神、勇于投身实践的创新创业人才,为建设创新型国家、实现"两个一百年"奋斗目标和中华民族伟大复兴的中国梦提供强大的人才智力支撑,具有重要意义。

近些年,我国高校创新创业教育不断加强,取得了积极进展,对提高高等教育质量、促进学生全面发展、推动毕业生创业就业、服务国家现代化建设发挥了重要作用。江苏经贸职业技术学院作为江苏省首批创业教育示范校,早在 2006 年即面向全体普通大学生进行创业教育,在分层次创业教育和指导、扶持大学生创业实践方面已开展了大量卓有成效的工作,并积累了许多宝贵的经验。为满足创新创业通识教育的新需求,为对社会大众创业实践给予具体的指导帮助,服务"大众创业,万众创新"的国策,我们特组织几名具有多年创新创业教育和创业实践指导经验的骨干教师编写了本教材。

创业教育被联合国教科文组织称为未来的人应掌握的教育的"第三本护照",具有与学术教育、职业教育同等重要的地位。世界经济合作和发展组织的专家柯林·博尔将创业教育总结为:创业教育是指在提高学生创业能力和创业基本素质的基础上,使学生具备从事创业实践活动所必需的能力、知识及心理品质,是培养人的创业意识、创业思维、创业技能等各种创业综合素质,最终使被教育者具有一定的创业能力的教育。本教材融合了国外创新创业教育的最新理念和成果,同时结合了中国创新创业教育的实际情况和发展要求。本教材是创新创业教育的基础教材,主要教学目的是让学生了解创新创业的基本概念和流程,培养学生的创新思维方式、创造方法、创业精神和创业技能。本教材既可以作为高校所有学生创新创业通识课程的新型实用教材,也可以作为创新创业精英班、创业实践班学生及所有有志创业的社会人员的创业实践指导手册。

　　本教材以创业实践为主线,以创业必备的知识、能力、素质为基础,具有系统化、跨学科的特点,秉持任务驱动、项目导向的先进教育理念,全书共分为8个项目,每个项目由项目目标、导学案例、知识讲坛、资料卡、项目实践组成,融理论性、实践性、可操作性为一体。本教材由柴义江、刘凤云任主编,张小光、徐礼云、蔡昕卓参与编写,插图由江苏淮安工业中等专业学校冯雅文手绘。具体分工:项目一、二由柴义江编写,项目三、四由蔡昕卓编写,项目六、七由徐礼云编写,项目五、八由张小光编写。全书由刘凤云统稿、审稿。

　　在本教材编写过程中,参阅了国内外同行专家的大量研究资料,感谢国内外同行给予我们的研究基础,感谢各类教育、创业、财经类网站提供的鲜活案例。由于编者的水平有限,书中难免存在疏漏和不当之处,敬请读者提出宝贵的意见,以便在今后修订时加以改进和完善。期望本教材能对我国创业教育的发展有所助益,对促进学生全面发展,增强学生的创新精神、创业意识和创新创业能力,努力造就大众创业、万众创新的生力军有所贡献。

刘凤云
2017年6月于南京

目　录

项目一

启动创业引擎

项目目标

1. 理解创业精神,点燃创业激情。
2. 培养创业意识,启动创业引擎。
3. 提高创业能力,激发创业潜能。

导学案例　应变之道

　　美国密执安大学教授卡尔·韦克做过一个绝妙的实验:把6只蜜蜂和相同数量的苍蝇装进一个玻璃瓶中,然后将瓶子平放,让瓶底朝着窗户,结果力竭而死或饿死的是蜜蜂,而苍蝇则会在2分钟之内,穿过瓶颈逃逸一空。

　　"聪明"的蜜蜂认为,囚室的出口一定在光线最明亮的地方,它们不停地重复着这种合乎逻辑的行动,结果力竭而死;"愚蠢"的苍蝇则全然不顾亮光的吸引,四下乱飞,结果逃出了瓶子。

　　这个实验说明:如果创业者像蜜蜂一样做任何事只凭经验来处理,而没有随机应变、灵活应对的精神,是难以面对创业过程中出现的种种困难的,创业最终也必然难逃失败的命运。

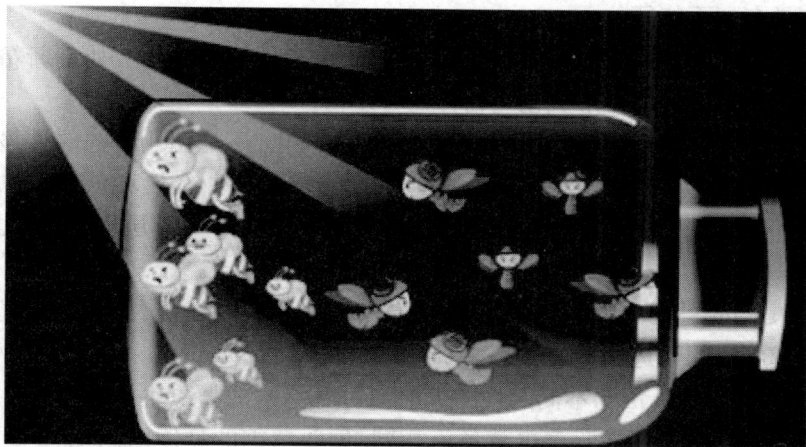

那么,一个成功的创业者需要具备什么样的创业精神? 如何培养创业意识? 需要具备哪些能力和素质才能使创业成功呢?

知识讲坛

任务一　领悟创业精神

给自己留了后路相当于是劝自己不要全力以赴。　——王石

著名管理大师彼得·德鲁克(Drucker)在《创新与创业精神》一书中指出:"创业精神是一个创新的过程,在这个过程中,新产品或新服务的机会被确认、被创造,最后被开发出来产生新的财富。"也就是说,创业精神的本质在于创新,在于为消费者创造出新的满足、新的价值。由此可知,"创新"是创业精神最核心的一个部分。

创业精神一般可区分为个体的创业精神及组织的创业精神。所谓个体的创业精神,指的是在个人愿景引导下,以个人力量从事创新活动,并进而创造一个新企业;组织的创业精神则指在已存在的一个组织内部,以群体力量追求共同愿景,从事组织创新活动,进而创造组织的新面貌。

"创业"是创业者依据自己的想法并努力工作来开创一个新企业,包括新公司的成立、组织中新单位的成立,以及提供新产品或新服务,以实现创业者的理想。创业本身是一种无中生有的历程,只要创业者具备求新、求变、求发展的心态,以创造新价值的方式为新企业创造利润,那么我们就能说这一过程中充满了创业精神。

一、创业精神的特征

创业精神具有如下特征。

① 高度的综合性。创业精神是由多种精神特质综合作用而成的。如创新精神、拼搏精神、进取精神、合作精神等都是形成创业精神的特质精神。

② 三维整体性。无论是创业精神的产生、形成和内化,还是创业精神的外显、展现和外化,都是由哲学层次的创业思想和创业观念、心理学层次的创业个性和创业意志、行为学层次的创业作风和创业品质 3 个层面所构成的,缺少其中任何一个层面,都无法构成创业精神。

③ 超越历史的先进性。创业精神的最终体现就是开创前无古人的事业。创业精神本身必然具有超越历史的先进性,想前人之不敢想、做前人之不敢做。

④ 鲜明的时代特征。由于不同时代的人们面对着不同的物质生活和精神生活条件,所以创业精神的物质基础和精神营养也就各不相同,创业精神的具体内涵也就不同。创业精神对创业实践有重要意义,它是创业理想产生的原动力,是创业成功的重要保证。

二、点燃创业激情

创业精神所关注的是"创造新的价值",而不是设立新公司。因此创业管理的关键在于创业过程能否"将新事物带入现存的市场活动中",包括新的产品或服务、新的管理制度、新的流程等。创业精神指的是一种追求机会的行为,这些机会还不存在于目前资源应用的范围,但未来有可能创造资源应用的新价值。因此我们可以说,创业精神是促成新企业形成、发展和成长的原动力。创业家通常具有如下几种特质。

① 激情。激情是一种强烈的情感表现形式,往往发生在强烈刺激或突如其来的变化之后,具有迅猛、激烈、难以抑制等特点。人在激情的支配下,常能调动身心的巨大潜力。没有人能比维京集团(Virgin Group)创始人理查德·布兰森(Richard Branson)更理解"激情"一词的含义。布兰森的激情,从他对创建公司的强烈欲望中可窥一斑。始建于1970年的维京集团,目前旗下拥有超过200家公司,业务范围涵盖音乐、出版、移动电话,甚至太空旅行。布兰森曾打过一个比方,"生意就好像公共汽车,总会有下一班车过来"。

小·贴士

关于人的欲望,地产商冯仑有一段很精辟的论述。他说:地主的生活最愉快,企业家的生活最有成就感。地主地里能打多少粮食,预期很清楚,一旦预期清楚,欲望就会被自然约束,也就用不着再努力,所以,会过得很愉快。企业家不同,企业家的预期和他的努力相互作用,预期越高努力越大,努力越大预期越高,这两个作用力交替起作用,逼着企业家往前冲。如果用创业家代替冯仑这段话里的企业家,你会发现它同样贴切,或许我们可以说:欲望是创业的最大推动力。

② 积极性。亚马逊(Amazon.com)创始人杰夫·贝索斯(Jeff Bezos)非常清楚积极思考的能量,他以"每个挑战都是一次机会"为座右铭。事实上,贝索斯把一家很小的互联网创业公司,发展成全球最大的书店。

亚马逊于1995年7月正式启动,2个月内就轻松实现每周2万美元的销售额。1990年代末,互联网公司纷纷倒闭,亚马逊股价也从100美元降至6美元。雪上加霜的是,一些评论家预测,美国最大的书店巴诺(Barnes & Nobles)启动在线业务,这将彻底击垮亚马逊。紧要关头贝索斯挺身而出,向外界表达了乐观和信心,针对批评言论,他还一一列举公司的积极因素,包括已经完成的和准备实施的。

贝索斯带领亚马逊不断壮大,出售从图书到衣服、玩具等各种商品。今天,亚马逊年度营收已超过百亿美元,这很大程度上要得益于贝索斯的积极思考。

③ 适应性。具备适应能力是企业家应具备的最重要的特质。每个成功的企业家,都乐于改进、提升或按照客户意愿定制服务,以持续满足客户所需。

Google创办人谢尔盖·布林(Sergey Brin)和拉里·佩奇(Larry Page)更进一步,他们不仅对变化及时反应,还引领发展方向。凭借众多新创意,谷歌不断引领互联网发展,将人们的所见所为提升到一个前所未有的新境界——可以想想Google Earth技术带来的变化。拥有这种先锋精神,也无怪乎谷歌能跻身非常强大的网络公司行列。

④ 领导力。好的领导人一定具有很强的个人魅力和感召力,有道德感,有在组织里树立诚信原则的意愿;他也可能是个热心人,具有团队协作精神。在已近迟暮之年的玫琳凯·艾施女士(Mary Kay Ash)身上,我们可以发现所有这些元素。她创建了玫琳凯(Mary Kay Cosmetics)品牌,帮助超过 50 万名女性开创了自己的事业。

很早以前,身为单亲母亲的艾施为一个家用产品公司做销售。虽然 25 年间她的销售业绩一直名列前茅,但是由于性别歧视,艾施无法在晋升和加薪时获得和男同事一样的待遇。艾施受够了这种待遇,1963 年她用 5 000 美元创办了玫琳凯公司。

艾施以具有强大驱动力和富于灵感的领导风格闻名,她创办公司的态度是"你能做到"! 她甚至会用凯迪拉克轿车奖给顶尖的销售者。由于其强大的领导力,艾施被认为是近 35 年来最具影响力的 25 位商业领袖之一,而玫琳凯也被评为美国最适合工作的企业之一。

⑤ 雄心壮志。20 岁时,戴比·菲尔兹(Debbi Fields)几乎一无所有。作为一个年轻的家庭主妇,她毫无商业经验,但她拥有绝佳的巧克力甜饼配方,并梦想全世界的人都能分享到。

1977 年,菲尔兹开设了自己第一家店(Mrs. Field's)。虽然很多人认为她仅靠卖甜饼无法将业务维持下去,但菲尔兹的果断决定和雄心壮志使得小小甜饼店变成了一家大公司,600 多个销售点遍布美国和其他 10 个国家。

任务二 培养创业意识

工作上的执着实际上是人的一种意志。　　　　——张近东

创业意识是指人们从事创业活动的强大内驱力,是创业活动中起动力作用的个性因素,是创业者素质系统中的第一个子系统,即驱动系统。

一、创业意识要素

(一)创业需要

创业需要指创业者对现有条件的不满足,并由此产生的最新的要求、愿望和意识,是创业实践活动赖以开展的最初诱因和最初动力。但仅有创业需要,不一定有创业行为,想入非非者大有人在,只有创业需要上升为创业动机时,创业行为才有可能发生。

（二）创业动机

创业动机指推动创业者从事创业实践活动的内部动因。创业动机是一种成就动机，是竭力追求获得最佳效果和优异成绩的动因。有了创业动机，才会有创业行为。

（三）创业兴趣

创业兴趣指创业者对从事创业实践活动的情绪和态度的认识指向性。它能激活创业者的深厚情感和坚强意志，使创业意识得到进一步的升华。

（四）创业理想

创业理想指创业者对从事创业实践活动的未来奋斗目标较为稳定、持续的向往和追求的心理品质。创业理想属于人生理想的一部分，主要是一种职业理想和事业理想，而非政治理想和道德理想。创业理想是创业意识的核心。

二、创业意识内容

（一）商机意识

真正的创业者，会在创业前、创业中和创业后，始终面临识别商机、发现市场的考验。他必须有足够的市场敏锐度，可以宏观地审视经济环境，洞察未来市场形势的走向，以便做出正确的决策来保证企业的持续发展。

（二）转化意识

仅有商机意识是不够的，还要在机会来临时抓住它，也就是把握机会，把商机转化成实实在在的收入和公司的持续运作，最终实现自己的创业梦想。转化意识就是把商机、机会等转化为生产力，把你的才能、你在学校学到的知识转化为智力资本、人际关系资本和营销资本。

（三）战略意识

创业初期需要给自己制订一个合理的创业计划，解决如何进入市场、如何卖出产品等基本问题。创业中期需要制定整合市场、产品、人力方面的创业策略，转换创业初期战略。需要指出的是，创业战略不只有一种，也没有绝对的好坏之分，关键是要适合自己。在创业之路上应时刻保持着战略的高度，不以朝夕得失论成败。

（四）风险意识

创业者要认真分析自己在创业过程中可能会遇到哪些风险，一旦这些风险出现，要懂得如何应对和化解。大学生是否具备风险意识和规避风险的能力，将直接影响到创业的成败。

👀 **小·贴士**

有一个故事:一个人问一个哲学家,什么叫冒险,什么叫冒进? 哲学家说,比如有一个山洞,山洞里有一桶金子,你进去把金子拿出来,假如那山洞是一个狼洞,你这就是冒险;假如那山洞是一个老虎洞,你这就是冒进。这个人表示懂了。哲学家又说,假如那山洞里的只是一捆劈柴,那么,即使那是一个狗洞,你也是冒进。

这个故事是什么意思呢? 它的意思是说,冒险是这样一种东西,你经过努力,有可能得到,而且那东西值得你得到。否则,你只是冒进,死了都不值得。创业者一定要分清冒险与冒进的关系,要分清什么是勇敢,什么是无知。无知的冒进只会使事情变得更糟,你的行为将变得毫无意义,并且惹人耻笑。

(五) 勤奋/敬业意识

李嘉诚说:"事业成功虽然有运气在其中,主要还是靠勤劳,勤劳苦干可以提高自己的能力,就有很多机会会降临在你面前。"大学生创业,一定要务实,要勤奋,不能光停留在口头上。除了勤奋,敬业同样不可缺少。"三百六十行,行行出状元",每一行都有光鲜的一面,也有艰辛的一面,因此,对自己所从事的行业要全身心投入,树立事业心,摆脱单纯追求个人和小集团利益的狭隘思想,真正认同和追求工作岗位的社会价值,培育敬业精神。

三、创业意识培养

培养创业意识有如下几个途径。

① 开展走进成功企业活动,以榜样的力量激发创业意识,树立创业理想。通过开展走进成功企业活动,一方面以社会实践活动为纽带,组织学生考察企业创业的经历和经营状况,让他们在火热的社会生活中明白创业的艰辛,感受艰苦奋斗的精神,克服追求享受、贪图安逸的懒惰思想。另一方面,建立大学生青春创业实践基地,如创业见习基地、创业实习基地和创业园等,为学生提供创业实践的便利,实现产、学、研一体化。学校对建设创业实践基地应给予人力、物力、财力上的保障——扩大对创业实践基地的投入,从经费上给予保证;重点扶持,从场地上给予保证;配备得力的指导教师,在人力上给予保证。充分调动师生参与实践基地建设的积极性、主动性,营造良好的创业社会实践氛围。

② 指导学生开展科技创新和创业活动,是培养创业意识的有效途径。创业教育是实践性很强的教育活动,创业实践活动是创业教育的特定课程模式,也是培养大学生创业意识、创业能力的具体途径。在各种校园文化活动中培养和强化大学生的综合能力和创业意识,是一种鲜明生动的教育方式,也是一种非常有效的教育途径。可根据具体的教育目标和要

求,进行创业的专题教育活动。通过一系列活动,广泛地培养和提高大学生的综合创业能力。积极进行有利于促进大学生创业意识培养的改革,建立大学生科技创新创业指导机构,完善科技创新管理体制,激励大学生将业余时间投入到创新创业活动中,鼓励有余力的大学生结合专业特长和研究兴趣参加教学研究和基础研究工作,等等。另外,提供必要的软件、硬件设施,大力开展以"挑战杯"大学生科技竞赛、数学建模竞赛、创业设计大赛等为主要形式的科技创新系列活动,合理利用科研资源拓展大学生科技创新创业领域,全面提升大学生的创业意识和创业技能。

③ 在日常教学中,面向全体学生全面渗透、全程贯穿创业教育。大学生创业教育与专业教育是密不可分、并行不悖的。一方面,专业教师需要学习创业知识理论,深入企业挂职锻炼,提高自己实施创业教育的能力;另一方面,专业教师在授课、指导学生实验实习等过程中,要自觉地与创业教育联系起来,为培养学生创业意识、激发学生创业兴趣起到很好的作用。此外,其他各门课程的教育都应该主动根据学科内容和教学特点,有机地渗透创业意识、创业能力的教育与培养,将创业意识、创业能力的教育与培养和学科课程融为一体,同步进行。例如,文科类学科可以积极进行创新精神、创新思维、创业意识、创业品质的教育与培养,而理科类学科可以积极进行创业知识、创业能力的教育与培养等。还可以以优质课程建设为突破点,着力打造一批具有时代特征的高水平创业课程。

④ 营造良好教育环境,形成人人参与创业的氛围。在班级环境、校园环境等文化建设上,要自觉渗透创业意识的教育。第一,加大宣传力度,要自觉形成突出和强化创业意识的人文环境,形成提倡大学生创业的舆论氛围,形成提倡大学生创业的价值观念。第二,在校风、教风、学风建设中突出与强化创新创造,形成创造性教学的风气,形成"学习中创造、创造中学习"的良性循环,形成人人争创造、人人争创新、人人想创业的文化环境,从而潜移默化地培养和强化大学生的创业意识。第三,在学校的制度建设上,鼓励师生创新、创造、创业。第四,要广为宣传成功创业者的创业事迹、创业方法和奋斗经历,为大学生树立学习榜样。

任务三　提升创业能力和素质

要永远相信：当所有人都冲进去的时候赶紧出来，所有人都不玩了再冲进去。

——李嘉诚

创业教育应以创业知识为基础，以创业能力为主线，即通过学习创业的有关基础知识，形成初步的创业能力。创业是一种复杂的劳动，需要创业者具有较高的智商和情商。具有创业能力是创业成功的必要条件。

一、创业能力分解

创业能力是一种高层次的综合能力，可以分解为专业能力、方法能力和社会能力3类能力。

（一）专业能力是创业的前提能力

专业能力是指企业中与经营方向密切相关的主要岗位或岗位群所要求的能力。劳动者在创办自己的第一个企业时，应该从自己熟悉的行业中选择项目。当然，创业者也可借助他人特别是雇员的知识技能来办好自己的企业，但在创办自己的第一个企业时，如果能从自己熟知的领域入手，就能避免许多"外行领导内行"的尴尬，大大提高创业的成功率。创业者应具备的专业能力主要体现在以下3个方面。

① 创办企业中主要职业岗位的必备从业能力。
② 接受和理解与所办企业经营方向有关的新技术的能力。
③ 把环保、能源、质量、安全、经济、劳动等的知识和法律、法规运用于本行业实际的能力。

前两种能力，对于接受以职业资格为导向的定向教育的职业学校学生来说，属于必须具有的能力，而第3种能力在部分学校没有得到足够的重视，应成为创业教育的内容。

（二）方法能力是创业的基础能力

方法能力是指创业者在创业过程中所需要的工作方法，是创业的基础能力。创业者应具备的方法能力主要体现在以下9个方面。

① 信息的接收和处理能力。搜集信息、加工信息、运用信息的能力是创业者不可缺少的能力。创业者不但应具备从一般媒体中搜集信息的能力，随着科技进步和信息技术的普及，还应该具备从网络中获取信息的能力。

② 捕捉市场机遇的能力。发现机会、把握机会、利用机会、创造机会，是成功的企业家

的主要特征。

③ 分析与决策能力。通过消费者需求分析、市场定位分析、自我实力分析等过程，根据自己的财力、关系网、业务范围，依据"最适合自己的市场机会是最好的市场机会"的原则，做出正确决策，才能实现自己的创业目标。

④ 联想、迁移和创造能力。从别人的企业中得到启发，通过联想、迁移和创造，使自己的企业别具特色，并通过这种特色使自己的企业在同业市场中占有理想的份额。

⑤ 申办企业的能力。创办一个企业，需要做好哪些物质准备，需要提供什么证明材料，到哪些部门办理哪些手续，怎样办理等，均为创业者应具备的能力。

⑥ 确定企业布局的能力。怎样选择企业地理位置，怎样安排企业内部布局，怎样考虑企业性质等，都是创业过程中不可回避的问题。

⑦ 发现和使用人才的能力。一个成功的创业者，肯定是一位会用人的企业家，他不但能对雇员进行选择、使用和优化组合，而且能运用群体目标建立群体规范和价值观，形成群体的内聚力。

⑧ 理财能力。这不仅包括创业实践中的资金筹措、分配、使用、流动、增值等环节，还涉及采购能力、推销能力等。

⑨ 控制和调节能力。成功的创业者，要对规划、决策、实施、管理、评估、反馈所组成的企业管理的全过程具有控制和运筹能力。

（三）社会能力是创业的核心能力

社会能力是指创业过程中所需要的行为能力，与情商的内涵有许多共同之处，是创业成功的主要保证，是创业的核心能力。创业者具备的社会能力主要体现在以下 6 个方面。

① 人际交往能力。创业者不但要与消费者、本企业雇员打交道，还要与供货商、金融和保险机构、本行业同仁打交道，更要与各种管理部门打交道，因此，创业者必须具有较强的人际交往能力。

② 谈判能力。一个成功的企业，必然有繁忙的商务谈判，谈判内容可能涉及供、产、销和售后服务等多种环节，创业者必须善于抓住谈判对手的心理和实际需求，运用"双胜原则"——自己和对方都能在谈判中取胜的技巧，使自己的企业获利。

③ 企业形象策划能力。在激烈的市场竞争中，在公众中树立良好的企业形象，是创业成功的主要条件。创业者应善于借助各种新闻媒体和渠道，宣传自己的企业，提高企业知名度。

④ 合作能力。创业者不但要与自己的合作者、雇员合作，也要与各种同企业发展有关的机构合作，还要与同行的竞争者合作。创业者要善于站在对方的角度，理解对方，体谅对方，善于与他人合作共事，和睦相处。

⑤ 自我约束能力。创业者要善于根据本行业的行为规范，来判断、控制和评价自己和别人的行为；要善于根据自己的创业目标，约束和控制自己与目标相悖的行为和冲动。

⑥ 适应变化和承受挫折的能力。一个企业要在竞争激烈、变化多端的市场中立足并发展，企业家就必须具有适应变化、利用变化、驾驭变化的能力。在经营过程中，有赔有赚、有成有败，企业家必须具有承受失败和挫折的能力，具有能忍受局部、暂时的损失，而获取全

局、长期收益的战略胸怀。

二、创业素质构成

创业素质是个体对创业活动表现出来的内裹特征。由于创业是社会个体通过自己的主动性和创造性开辟新的工作岗位、拓展新的职业活动范围、创造新的业绩的实践过程,这一活动是个体在后天成长过程中,基于对社会发展的一定认知和自我生涯的规划而进行的实践活动。因此,创业素质的形成和发展更多地应基于后天的学习和实践,它既可以指个体素质中有待开发的创业基本素质潜能,又可指社会发展的成果在个体身心结构中积淀和内化的创业基本素质。

从构成来看,人的素质实际上是一个多侧面、多层次的素质结构系统,它的各个组成部分不是孤立存在的,而是相互依存、相互渗透、相互制约、相互促进的,它们形成了一个有机的整体。创业型人才一般都具有一些共同的创业素质元,这些共同的创业素质元构成了创业型人才的基本特征。

具体而言,创业素质主要包括以下4个方面。

① 创业社会知识结构。它是指在创业实践活动过程中个体应具有的知识系统及其构成。创业知识是个体在社会实践中积累起来的创业理论和创业经验,是个体创业素质的基础要素。创业知识主要涉及经营管理、法律、工商、税收、保险等知识及其他社会综合知识。创业的过程本身就是一个学习的过程,创业知识结构的完善和丰富需要个体边实践、边学习、边提高,这一过程也是一个终身学习的过程。

② 创业技能结构。国际劳动组织对创业技能做了以下界定:"创业和自我谋职技能……包括培养工作中的创业态度,培养创造性和革新能力,把握机遇与创造机遇的能力,对承担风险进行计算,懂得一些公司的经营理念,如生产力、成本及自我谋职的技能等。"根据这一界定,我们可以将创业实践活动所需的技能主要分为组织管理能力、开拓创新能力、风险评估与承担能力,其中,开拓创新能力是在创业技能结构中最为重要的部分,也是创业素质构成中的核心内容。因为创业意味着突破资源限制,创造新的机会,而其中的原动力就来源于创新。开拓创新能力的强弱是衡量创业素质高低的重要指标,也是学校在学生创业素质培养中应着重加强的重要内容。

③ 创业意识结构。创业意识是指在创业实践活动中对个体起动力作用的个性心理倾向,包括创业需要、创业动机、创业兴趣、创业理想、创业信念等。其中,创业需要和创业动机是创业行为实践的内驱力,是进行创业的前提和基础;创业兴趣是对从事创业实践活动表现出来的积极情感和态度定向;创业理想是个体对创业活动未来奋斗目标的持久向往和追求。

创业兴趣和创业理想是创业意识形成的中间环节,创业信念是个体在创业实践中表现出的一种对创业活动坚信不疑、坚守到底、不畏艰难的心理倾向。创业信念的形成是创业者创业精神的集中体现,同时也是创业意识结构中最核心和最关键的要素。

④ 创业品质结构。它是指个体在创业实践中将对创业活动的坚定信念和执着精神,演化为其内在的相对稳定的价值观念,并凝聚为其内在的个性特征和道德品质。这种创业品质既包含对个体创业实践活动的心理和行为起调节作用的个性心理品质,也包括个体所彰显的以创业精神为核心内容的创业道德品质。当个体创业社会知识结构得到丰富、创业技能得到提升、创业意识有所提高时,个体创业素质也得到发展。美国百森商学院的杰弗里·蒂蒙斯认为,真正意义上的创业教育应当着眼于"为未来的几代人设定'创业遗传密码',以造就最具革命性的创业一代作为其基本价值取向"。这里所称的"遗传密码",就是指以创业精神为内在表现的创业品质的传承问题,它也是评价创业素质教育成功与否的关键环节。

三、提升创业能力和素质的途径

提升创业能力和素质可以从理论和实践两个方面展开:学习理论知识,提高创业素质;进行实践锻炼,提升创业能力。同时辅之以创新思维训练,会使创业能力和素质得到全面提升。

(一)学知识,强素质

知识可以促进素质的发展。任何素质的形成和提高都是在掌握和运用知识的过程中完成的,创业素质同样如此。在学习各种知识的过程中,认真思考,吸取前人的经验,同时锻炼自己综合分析问题的能力。"知识就是力量",能使知识变成力量,就是素质提升的表现。不能死读书,读死书,成为书呆子。要学会将学习、思考、实践综合起来,经过自己的消化,吸收转化为运用知识的手段和本领,进而为创业素质的形成和提高打下坚实的基础。因此,创业者一定要加强知识的学习和储备,要精通与创业相关的专业知识和技能,并根据需要,不断吸收新技术、新知识。

(二)重实践,促能力

创业能力的形成和提高必须在创业实践中才能实现。创业者应根据自身和专业特点,在培养自己强烈的创业意识、成功意识,认真学习专业文化知识的基础上,积极参与创业实践活动。

1. 利用空闲时间进行尝试性、见习性的实践活动

可以与家人、朋友或同学合伙,也可以独立投入一点小资本进行经营活动;参与家庭或他人的创业活动;到小企业打工,等等。

2. 模拟实践

可以参加创业实践情景模拟,进行有关创业活动的情境体验,如招聘、应聘雇员,参加面试;产品推销等。

3．利用实习期间进行创业实践训练

进入创业活动正式启动阶段之后，可以单独或与同学轮流租赁或承包一个小店铺，或加工、修理，或销售、服务等，在真刀真枪的创业实践中提高自己的创业能力。实习期间，不仅要训练、提高自己的专业技能，更要有意识地观察、体验，提高经营管理方面的技能，以及营销方面的技巧。

（三）训练创新思维，全面提升创业能力和素质

创新思维是为解决实践问题而进行的具有社会价值的新颖而独特的思维活动。或者说，创新思维是以新颖独特的方式对已有信息进行加工、改造、重组，从而获得有效创意的思维活动和方法。训练创新思维方式可以全面提升创业能力和素质。

1．创新思维特性

创新思维之所以有别于一般思维而成为一种新的思维形式，是因为其具有如下 5 个特性。

① 创新思维形式的反常性，又体现为思维发展的突变性、跨越性或逻辑的中断，这是因为创新思维不是对现有概念、知识的循环渐进的逻辑思维形式，而是依靠灵感、直觉或顿悟等的非逻辑思维形式。

② 创新思维过程的辩证性，主要是指其既包含抽象思维，又包含非逻辑思维；既包含发散思维，又包含收敛思维；既有求同思维，又有求异思维，等等。由此形成创新思维的矛盾运动，从而推动创新思维的发展。创新思维实际上是各种思维形式的综合体。

③ 创新思维空间的开放性，主要是指创新思维需要从多角度、全方位、宽领域地思考问题，而不再局限于逻辑的、单一的、线性的思维，从而形成开放式思维。

④ 创新思维成果的独创性，是创新思维的直接体现或标志，常常具体表现为创新成果的新颖性及唯一性。

⑤ 创新思维主体的能动性，表明创新思维是创新主体的一种有目的的活动，而不是客观世界在人脑简单、被动的直映，充分显示了人类活动的主动性和能动性。

2．创新思维训练方法

随着科技的加速进步，现在绝大多数的产品将被降低档次销售，或被迫廉价抛售，或被迫彻底淘汰，为更加高档时新、功能多样的产品所取代。这就需要突破传统的思维模式，进行产品创新思维。为了走出一条具有特色的创意之路，这里简介 6 种思维训练方法，以资借鉴。

① 逆向思维。逆向思维是相对于顺向思维而言的，它是从相反的角度思考产品开发，沿着为实现未来而思考现在，为到达终点而把握起点的思路进行思考。

② 跟踪思维。就是通过对社会消费迹象进行跟踪调查之后，进行综合、分析和思考，从中发现未来产品的开发创新。

③ 替代思维。一种产品在消费实践中已证明是过时落后的，人们希望有新的更好的东西替代之。而一旦有了优于或完全不同于这种产品的另一种新产品问世，市场销路往往会出人意料的好，经济效益也会出人意料的高。

④ 发散思维。就是从某一研究和思考对象出发,充分展开想象的翅膀,从一点联想到多点,在对比联想、接近联想和相似联想的广阔领域分别涉猎,从而形成产品的扇形开发格局,产生由此及彼的多项创新成果。

⑤ 否定思维。否定是创新之母。否定自己的过去,意味着创造更好的未来。产品创新也是这样。

⑥ 多路思维。就是使头脑中多路创新思维聚焦于某一个中心点上,在产品开发中向某一个焦点发起创新攻势。

3. 几种创新思维方式

重组从性质上说是一种发明、创造活动。著名科学家爱因斯坦曾经说过:组合(重组)是创造性思维的本质特征。重组又是当今社会发明、创造的主要方式。

调整和择优是重组型的两条思维原则。

① 调整:事物的性质和功能是由结构决定的。要改变事物的现状,唯有打破原先的格局,重新考虑其结构的组合,使之形成新的性质和功能,以满足新形势发展的需要或人们的新需求。

② 择优:在考虑调整的过程中,往往会出现多个方案,经过反复权衡利弊和可行性论证后,从中选择出一个最优的方案。所谓最优方案就是在最大限度上满足新形势发展需要或人们新需求的方案。

用创造学之父、美国人奥斯本的名字命名的奥斯本检核表法就是这两种重组模式的集中体现。奥斯本检核表法又称设问法,即以提问的方式从 9 个角度对现有产品或发明创造物的材料、颜色、气味、声音、形状及其大小、轻重、粗细、上下、左右或前后等结构或顺序进行重组而形成的发明方法。

我国研究者许立言和张福奎提出了如下 12 个聪明方法,进一步完善和发展了奥斯本检核表法。

① 加一加:能在这件东西上添加些什么吗?

② 减一减:可在这件东西上减掉些什么吗?

③ 扩一扩:把这件东西扩展会怎样?

④ 缩一缩:让这件东西缩小会怎样?

⑤ 变一变:改变一下形状、颜色、声音、气味会⑥怎样?改变一下次序会怎样?

⑥ 改一改:这件东西存在什么缺点需要改进?

⑦ 联一联:把某些东西或事物联系起来能达到什么目的?

⑧ 学一学:模仿其他事物的结构会有什么结果?学习它的原理、技术又有什么结果?

⑨ 代一代:有什么东西能代替另一些东西?

⑩ 搬一搬:把这些东西搬到别的地方,能有其他用处吗?

⑪ 反一反:一件东西、事物的正反、上下、左右、前后、横竖、里外颠倒一下,会有什么结果?

⑫ 定一定:为解决某问题或改进某东西,需要规定些什么吗?

托尔斯泰说:幸福的家庭都是相同的,不幸的家庭则各有各的不幸。套用这一句话,我们也可以说成功的创业者都是相同的,失败的创业者则各有各的原因。研究成功创业者的共性,并把握这些共性,是一件非常有意义的事情。通过研究掌握那些成功者的共性,并以这些共性反观自己,你至少可以明白自己是否适合创业。如果创业,我们是成功的可能性更大,还是失败的概率更高。

资料卡

创业者的十大素质

1. 欲望

创业专家研究发现,成功创业者的欲望,许多来自现实生活的刺激,是在外力的作用下产生的,而且往往不是正面的、鼓励型的。刺激的发出者经常让被刺激者感到屈辱、痛苦。这种刺激经常在被刺激者心中激起一种强烈的愤懑、愤恨与反抗精神,从而使他们做出一些超常规的行动,焕发起超常规的能力,这大概就是孟子说的"知耻而后勇"。一些创业者在创业成功后往往会说:我自己也没有想到自己竟然还有这两下子。

因为想得到,而凭自己现在的身份、地位、财富得不到,所以要去创业,要靠创业改变身份,提高地位,积累财富,这构成了许多创业者的人生三部曲。因为欲望,而不甘心,而创业,而行动,而成功,这是大多数白手起家的创业者走过的共同道路。

2. 忍耐

成语里有一句"艰难困苦,玉汝于成",还有一句"筚路蓝缕",意思都是说创业不易。不易在哪里呢? 对创业者来说,肉体上的折磨算不得什么,精神上的折磨才是致命的。如果有心自己创业,一定要先在心里问一问自己,面对从肉体到精神上的全面折磨,你有没有那样一种宠辱不惊的定力与精神。如果没有,那么一定要小心。对有些人来说,一辈子给别人打工,做一个打工仔,是一个更合适的选择。

对一般人来说,忍耐是一种美德;对创业者来说,忍耐却是必须具备的品格。

3. 眼界

人们都喜欢夸耀自己见多识广,对创业者来说,就不是夸耀,是要真正见多识广。广博的见识,开阔的眼界,可以更有效地拉近自己与成功的距离,使创业少走弯路。

眼界意味着什么? 如果你是一个创业者,开阔的眼界意味着你不但可以在创业伊始有一个比别人更好的起步,有时候它甚至可以挽救你和你企业的命运。眼界的作用,不仅表现在创业者的创业之初,而且它会一直贯穿于创业者的整个创业历程。一个人的心胸有多广,他的世界就会有多大。我们也可以说,一个创业者的眼界有多宽,他的事业也就会有多大。

4. 明势

作为一个创业者,明势的意思分两层:一要明势,二要明事。

势,就是趋向。做过期货的人都知道,要想赚钱关键是要做对方向,这个方向就是势。例如,大势向空,你偏做多;或者大势利多,你偏做空,你不赔钱谁赔钱! 反过来说,你就是不想赚钱都难。势分大势、中势、小势。创业的人,一定要跟对形势,要研究政策,这是大势。中势指的就是市场机会。市场上现在时兴什么,流行什么,人们现在喜欢什么,不喜欢什么,可能就标明了你创业的方向。小势就是个人的能力、性格、特长。

明势的另一层含义,就是明事。一个创业者要懂得人情事理。俗话说:世事洞明皆学问,人情练达即文章。创业的首要目的是合理合法地赚钱,而不是改造社会。创业更不是为了要跟谁赌气,如果非要如何如何,非要让对方觉得你这个人如何如何,你才觉得心里舒服,你那是自己为自己设绊。

5. 敏感

创业者的敏感,是对外界变化的敏感,尤其是对商业机会的快速反应。

一些人的商业敏感来自耳朵,一些人的商业敏感来自眼睛,还有一些人的商业敏感来自自己的两条腿。

北京人说一个人不懂事,会说他没有眼力见儿,意思是看不出好歹。其实,面对每天在眼前溜来溜去的商业机会,有几个人是有眼力见儿的呢?

有些人的商业感觉是天生的,如胡雪岩,更多人的商业感觉则依靠后天培养。如果你有心做一个商人,你就应该像训练猎犬一样训练自己的商业感觉。良好的商业感觉,是创业者成功的最佳保证。

6. 人脉

创业不是引无源之水,栽无本之木。每一个人创业,都必然有其凭借的条件,也就是其拥有的资源。一个创业者的素质如何,看其建立和拓展资源的能力就可以知道。

创业者资源,可分为外部资源和内部资源两种。内部资源主要是创业者个人的能力,其所占有的生产资料及知识技能。也就是人们通常所说有形资产及无形资产,只不过这种有形资产和无形资产属于个人罢了。

创业者外部资源的创立,其中最重要的一点是人脉资源,即创业者构建其人际网络或社会网络的能力。一个创业者如果不能在最短时间之内建立自己最广泛的人际网络,那他的创业一定会非常艰难。即使其初期能够依靠领先技术或自身素质,如吃苦耐劳或精打细算,获得某种程度上的成功,我们也可以断言他的事业一定做不大。

7. 谋略

创业是一个斗体力的活动,更是一个斗心力的活动。创业者的智谋高低,将在很大程度上决定其创业成败。尤其是在目前产品日益同质化、市场有限、竞争激烈的情况下,创业者不但要能够守正,更要有能力出奇。

谋略智慧,时时贯穿于创业者的每一个创业行动中。谋略,是一种思维的方式,一种处理问题和解决问题的方法。对于创业者来说,智慧是不分等级的,它没有好坏、高明不高明的区别,只有好用不好用、适用不适用的问题。

8. 胆量

什么样的人最适合创业?答案是:赌徒。

道理很简单,创业本身就是一项冒险活动。赌徒最有胆量,敢下注,想赢也敢输,所以,他们最适合创业。科学研究发现,赌徒的心理承受能力远远强过普通人,而创业正是最需要强大心理承受能力的一项活动。

创业专家在研究中发现,大凡成功人士都有某种程度的赌性,企业界人士犹然。很多创业者在创业的道路上,都有过惊险一跳的经历。这一跳成功了,功成名就,白日飞升;要是跳不成,就只好凤凰涅槃了。创业需要胆量,需要冒险。冒险精神是创业家精神的一个重要组成部分,但创业毕竟不是赌博。创业家的冒险,迥异于冒进。

9. 与他人分享的愿望

作为创业者,一定要懂得与他人分享。一个不懂得与他人分享的创业者,不可能将事业做大。美国心理学家马斯洛的需要层次理论,把人的需要分为5个层次:第一是生存需要,第二是安全需要,第三是社交需要,第四是尊重需要,第五是自我实现需要,如图1-1所示。

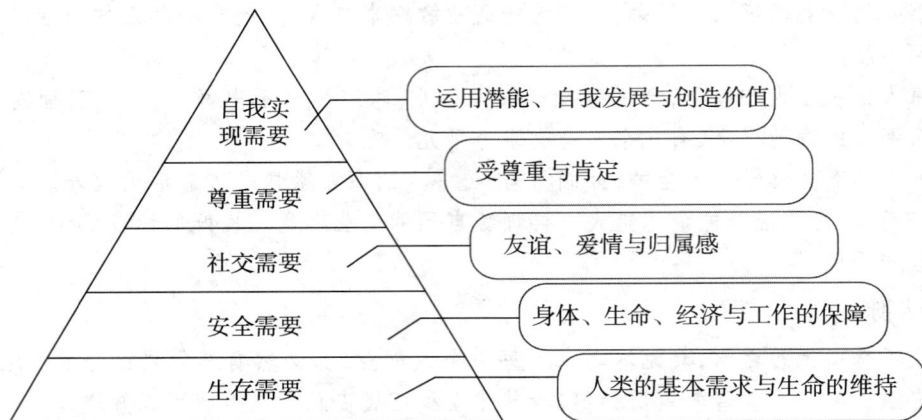

图1-1 马斯洛需要层次

这5种需要具体到企业环境里,具体到公司员工身上,就是需要老板与员工共同分享。当老板舍得付出,舍得与员工分享,员工的生存需要、安全需要、尊重需要就从老板这里都得到了满足。员工出于感激,同时也因为害怕失去眼前所获得的一切,就会产生自我实现的需要,通过自我实现,为老板做更多的事,赚更多的钱,作更大的贡献,回报老板。这样就构成了一个企业的正向循环、良性循环。这应该是马斯洛理论在企业层面的恰当解释。

分享不仅仅限于企业或团队内部,对创业者来说,对外部的分享有时候同样重要。分享不是慷慨,对创业者来说,分享是明智。

10. 自我反省的能力

反省其实是一种学习能力。创业既然是一个不断摸索的过程,创业者就难免在此过程中不断地犯错误。反省,正是认识错误、改正错误的前提。对创业者来说,反省的过程,就是学习的过程。有没有自我反省的能力,具不具备自我反省的精神,决定了创业者能不能认识自己所犯的错误,能不能改正所犯的错误,是否能够不断地学到新东西。

项目实践

项目实践一　测试你是否适合创业

美国创业协会设计了一份问卷,可以在一定程度上测试你是否适合创业。每题有4个选项,分别为:A. 经常;B. 有时;C. 很少;D. 从来不。请在 4 个选项中选择一个最适合自己的答案。

1. 在急需做出决策的时候,你是否在想:再让我考虑一下吧。
2. 你是否为自己的优柔寡断找借口说:是得慎重考虑,怎能轻易下结论呢?
3. 你是否为避免冒犯某个或某几个有相当实力的客户而有意回避一些关键性的问题,甚至表现得曲意奉承呢?
4. 你是否无论遇到什么紧急任务,都先处理掉你自己的日常琐碎事务呢?
5. 你是否非得在巨大的压力下才肯承担重任?
6. 你是否无力抵御或预防妨碍你完成重要任务的干扰和危机?
7. 你在决定重要的行动和计划时,常忽视其后果吗?
8. 当你需要做出很可能不得人心的决策时,是否找借口逃避而不敢面对?
9. 你是否总是在晚上才发现有要紧的事没办?
10. 你是否因不愿承担艰巨任务而寻求各种借口?
11. 你是否常来不及躲避或预防困难情形的发生?
12. 你是否总是拐弯抹角地宣布可能得罪他人的决定?
13. 你是否喜欢让别人替你做你自己不愿做而又不得不做的事?

计分标准:选 A 得 4 分;选 B 得 3 分;选 C 得 2 分;选 D 得 1 分。

结果分析:

50 分以上,说明你的个人素质与创业者相去甚远;

40 ~ 49 分,说明你不算勤勉,应彻底改变拖沓、低效率的缺点,否则创业只是一句空话;

30 ~ 39 分,说明你在大多数情形下充满自信,但有时犹豫不决,不过没关系,有时候犹豫也是一种成熟、稳重和深思熟虑的表现;

15 ~ 29 分,说明你是一个高效率的决策者和管理者,更是一个成功的创业者。你还在等什么呢?

项目实践二 创造力测试

这不是精确的科学测定,你只需尽力而为,玩得开心就好。

物品的非传统用途

"不同用途测试"1967 年由 J. P. Guilford 发明。给你 2 分钟时间,想出尽可能多的类似椅子、咖啡杯或砖头等常见物品的不同用法。例如,"曲别针"的用途有:

- 把纸夹在一起;
- 袖扣;
- 耳环;
- 迷你长号模型;
- 用来捅路由器 reset 键的东西;
- 夹住耳机线使之不会缠起来;
- 书签。

这个测试从以下几个方面考察你思维的广度：

流畅度——你能想出多少种用法；

原创性——你能想出多么异乎寻常的用法（如"重启路由器"就比"把纸夹在一起"更不寻常）；

灵活性——你的答案涉及多少领域（袖扣和耳环都是饰品，它们属于同一领域）；

详细程度——你的回答有多少细节（"避免耳机线缠起来"比"书签"有更多细节描述）。

试试看

你能想出一把勺子有多少种用途？2分钟时间，开始！

项目二

评估创业机会

项目目标

1. 产生创业构想，形成创业思路。
2. 把握创业机会，评估创业价值。
3. 考察创业项目，做出正确抉择。

导学案例   坚信您的选择

国际软件产业的老大微软公司创立时只有盖茨和艾伦两个人，他们最大的长处是编程技术高和法律经验丰富。两人依靠这两点，成功地获得了 IBM DOS 系统等一系列重要合同，在解决生存问题的同时奠定了自己在这个产业的坚实基础。微软公司在最近的几十年中一直"顽固"地坚守软件产业方向，专心在软件领域纵横驰骋，任凭信息产业和经济环境风云变幻，也从来没有考虑过搞其他的多种经营。

中国最大的网络游戏服务商盛大公司，在 1999 年创立，创立后不久就遇到了网络泡沫的全面破灭。国内外的互联网公司也纷纷从事"网下"业务，美其名曰"鼠标＋水泥"，企图依靠所谓的"两条腿走路"的模式在网络寒冬中获得继续生存的机会。盛大公司的领导者在冷静分析市场形势和产业环境后，坚信自己的选择是正确的，于是把自己所拥有的资源坚定地投入到网络游戏领域。在经过不懈地耕耘之后，盛大公司终于获得了巨大的成就和惊人的利润，成为当年亚洲增长速度最快的公司。而那些"两条腿走路"的网络公司，大都偃旗息鼓，股东和团队的回报更无从谈起。

盛大公司在网络泡沫破灭的情况下，能够坚持下来并获得最后的成功，在于对创业项目选择的坚定性和对市场宏观分析的准确性。

那么如何才能形成正确的创业构想，把握市场机会，最终确定创业项目并坚持不懈地走下去呢？

知识讲坛

任务一 形成创业构想

> 企业发展就是要"发展"一批狼。狼有三大特性:一是敏锐的嗅觉;二是不屈不挠、奋不顾身的进攻精神;三是群体奋斗的意识。
>
> ——任正非

好的开始是成功的一半。创业者在寻求生财之道的时候,如何选准项目、避开陷阱、稳中求胜,值得三思。

一、创业构想

创业构想就是对一个人或组织识别机会或在环境中发现需求的回应。好的创业构想是实现创业者愿望和创造商业机会的第一步。一家成功的企业既要满足顾客的需要,又要盈利;既要向人们提供想要的产品,又要为企业主带来利润。一个企业想法应当包括:

① 你的企业将销售什么产品和服务;

② 你的企业将向谁销售产品和服务;

③ 你的企业将如何销售产品和服务;

④ 你的企业将满足顾客哪些需要。

这里有两点需要说明:尽管创业构想是首要条件,但它只是一个工具。无论想法本身有多好,但是对于成功它是不够的,还需要转化为有价值的商业机会。

二、形成创业构想的原因

创业者和想要成为创业者的人需要创办企业是有很多原因的,下面仅是一部分。

(一)需要一个想法——一个好的创业构想

一个好的创业构想是成功创办一个企业的基本要素,在创办企业之前和之后都是必要的。

（二）对市场需求的反应

市场是由那些有需求并且能够满足需求的消费者组成的。创业者和企业通过满足有购买力的消费者的需求而获得利润。

（三）对流行趋势和需求变化的反应

由于流行趋势和需求变化会产生新的商业机会，创业者可以用新的想法、产品和服务来满足需求，把握机会。

（四）走到竞争对手的前面

如果你没有提出新的想法、产品和服务，而你的竞争对手做到了，你将会面临更多不同的挑战。

（五）具有开发的技术——做更好的产品

技术已成为当今市场主要的竞争工具，时代的变化迫使更多的企业去创新。在世界上只有个别的电子和家用器具行业企业能够平均每个月开发出几十个新产品，对于在全球市场中的大多数企业无法做到月月有创新，因此产生创业构想是至关重要的。

（六）产品的生命周期

所有产品的生命周期都是有限的，新产品最终会陈旧和过时，因而需要制订新产品和产品成长计划。企业的繁荣和成长取决于它的新产品和对产品成长的管理。

（七）降低风险和减少失败

根据产品的生命周期的特点，事实上有超过80%的产品是失败的，因此，对于企业来说，要降低风险，设法不断地产生创业构想是非常必要的。

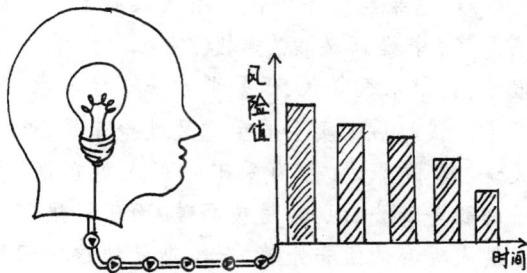

任务二　把握创业机会

等待的方法有两种：一种是什么事也不做空等，一种是一边等一边把事业向前推动。

——屠格涅夫

创业是发现市场需求，寻找市场机会，通过投资经营企业满足这种需求的活动。创业需要机会,机会要靠发现。

一、机会的来源与特征

经常听到一些想创业的人这样抱怨:"别人机遇好,我运气不好,没有机遇""我要是早几年做就好了,现在做什么都难了",这都是误解。其实机遇无处不在,就看你能不能识别它。例如,修自行车是一个不起眼的小生意,但是朱跃清却把它做成一个很好的创业项目。1997 年秋季他下岗后立志创业,抓住上海高校后勤服务改革的机会,投资 2 000 元在复旦大学开了一个自行车维修点。第一个月就赚了 1 000 多元,后来他在老师指导下尝试用"连锁经营"的方式拓展维修点,做大修车业务。现在他已在上海 12 所高校开设了自行车维修点,并先后开拓了绿地养护、无水洗车、物业保洁、汽车装潢等新项目。不仅自己成功创业,还带出了 54 个小老板。这个例子说明了"不怕没有机会,就怕没有眼光"。

资料卡

大家都知道牛仔裤的发明人是美国的李维斯。当初他跟着一大批人去西部淘金,途中一条大河拦住了去路,许多人感到愤怒,但李维斯却说"棒极了!"。他设法租了一条船,给想过河的人摆渡,结果赚了不少钱。不久摆渡的生意被人抢走了,李维斯又说"棒极了!",因为采矿出汗很多,饮用水很紧张,于是别人采矿他卖水,又赚了不少钱。后来卖水的生意又被抢走了,李维斯又说"棒极了!",因为采矿时工人跪在地上,裤子的膝盖部分特别容易被磨破,而矿区里却有许多被人丢弃的帆布帐篷,李维斯就把这些旧帐篷收集起来洗干净,做成裤子,销量很好。"牛仔裤"就是这样诞生的。李维斯将问题当作机会,最终实现了致富梦想。这得益于他有一种乐观、开朗的积极心态。

著名成功学大师拿波伦·希尔说:"一切成功,一切财富,始于意念。"一个想创业的人,如果暂时还没发现机会或抓住机会,不要怨天怨地怨别人,先想一想自己的态度是否积极,思想观念、思维方式是否正确。

(一)创业机会的来源

创业机会无处不在、无时不在,而机会主要来自 5 个方面。

① 问题。创业的根本目的是满足顾客需求,而顾客需求在没有满足前就是问题。寻找创业机会的一个重要途径是善于去发现和体会自己和他人在需求方面的问题或生活中的难处。例如,上海有一位大学毕业生发现远在郊区的本校师生往返市区交通十分不便,创办了

一家客运公司,成功地把问题转化为创业机会。

② 变化。创业的机会大都产生于不断变化的市场环境,环境变化了,市场需求、市场结构必然发生变化。德鲁克将创业者定义为那些"能寻找变化,并积极反应,把它当作机会充分利用起来的人"。这种变化主要来自产业结构的变动、消费结构升级、城市化加速、人口思想观念的变化、政府政策的变化、人口结构的变化、居民收入水平提高、全球化趋势等诸方面。例如,居民收入水平提高,私人轿车的拥有量将不断增加,这就会派生出汽车销售、修理、配件、清洁、装潢、二手车交易、陪驾等诸多创业机会。

③ 创造发明。创造发明提供了新产品、新服务,更好地满足顾客需求,同时也带来了创业机会。例如,随着电脑的诞生,电脑维修、软件开发、电脑操作的培训、图文制作、信息服务、网上开店等创业机会随之而来,即使你不发明新的东西,你也能成为销售和推广新产品的人,从而给你带来商机。

④ 竞争。如果你能弥补竞争对手的缺陷和不足,这也将成为你的创业机会。看看你周围的公司,你能比他们更快、更可靠、更便宜地提供产品或服务吗?你能做得更好吗?若能,你也许就找到了机会。

⑤ 新知识、新技术的产生。例如,随着健康知识的普及和技术的进步,围绕"水"就带来了许多创业机会,上海就有不少创业者加盟"都市清泉"而走上了创业之路。

(二)创业机会的特征

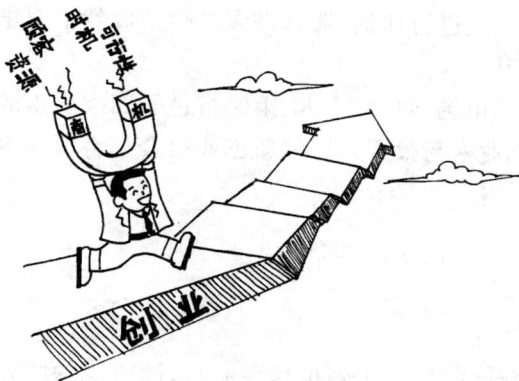

有的创业者认为自己有很好的想法和点子,对创业充满信心。有想法、有点子固然重要,但是并不是每个大胆的想法和新异的点子都能转化为创业机会。许多创业者因为仅仅凭想法去创业而失败了。那么如何判断一个好的商业机会呢?《21世纪创业》的作者杰弗里·蒂蒙斯教授提出,好的商业机会有以下4个特征。

第一,它很能吸引顾客。

第二,它能在你的商业环境中行得通。

第三,它必须在机会之窗(机会之窗是指商业想法推广到市场上去所花费的时间。若竞争者已经有了同样的思想,并已把产品推向市场,那么机会之窗也就关闭了)存在的期间被实施。

第四,你必须有资源(人、财、物、信息、时间)和技能。

二、发现创业机会

发现创业机会不是一件容易的事情,但也不是高不可攀的。创业者可以在日常生活中有意识地加强实践,培养和提高市场调研能力、观察分析能力、独特思维能力,从而发现创业机会。

① 要有良好的市场调研习惯。发现创业机会的最根本一点是深入市场进行调研。要了解市场供求状况、变化的趋势,顾客需求是否得到了满足,竞争对手的长处与不足。

② 要多看、多听、多想 。我们常说见多识广,识多路广。我们每个人的知识、经验、思维及对市场的了解都不可能做到面面俱到。多看、多听、多想能使我们广泛获取信息,及时从别人的知识、经验、想法中汲取有益的东西,从而增强发现机会的可能性和概率。

③ 要有独特的思维。机会往往是被少数人抓住的。我们只有克服从众心理和传统的习惯思维的束缚,敢于相信自己,有独立见解,不人云亦云,不为别人的评头论足、闲言碎语所左右,才能发现和抓住被别人忽视或遗忘的机会。

三、评估创业机会

所有的创业行为都来自绝佳的新创业机会,创业团队与投资者均对创业前景寄予极高的期望,尤其创业家更是对新创业机会在未来所能带来丰厚的利润,抱有高度的信心。

不过我们都知道,几乎九成以上的创业梦想最后都会落空。事实上,创业获得高度成功的概率大约不到百分之一,还有更多不为人知的创业失败个案。

成功与失败之间,除了不可控制的运气因素之外,显然一定有许多创业机会在开始的时候,就已经注定未来会失败。虽然创业本身是一种边做边学的高风险行为,但是失败也可能是奠定下一次创业成功的基础。不过这些先天体质不良,市场进入时机不对,或者具有致命瑕疵的创业构想,如果创业者能先以比较客观的方式进行评估,那么许多失败结局就不至于一再发生,创业成功的概率也可以因此而大幅提升。

我们针对如何评估新创业机会,提出一套包括市场、效益、个人、策略特色等四大要素的评估准则,并说明各准则因素的内涵,目的是为创业家与投资家评估新创业机会是否值得投入作决策参考。

(一)市场面的评估准则

1. 市场基础

一个好的新创业机会,必然是具有特定市场基础,专注于满足顾客需求,同时能为顾客带来增值效果的。因此评估新创业机会的时候,可由市场定位是否明确、顾客需求分析是否清晰、顾客接触途径是否流畅、产品线是否可以持续衍生等,来判断新创业机会可能创造的市场价值。若能带给顾客越高的价值,则创业成功的概率也越高。

2. 市场结构

针对新创业机会的市场结构进行 5 个方面分析,包括供应商的讨价还价能力、购买者的讨价还价能力、新进入者的威胁、替代性竞争产品的威胁,以及行业内部竞争的激烈程度。由市场结构分析可以得知新创企业未来在市场中的地位,以及可能遭遇竞争对手的反击的程度。

3. 市场规模

市场规模大小与成长速度快慢,也是影响新创业成败的重要因素。一般而言,市场规模大者,进入障碍相对较低,市场竞争激烈程度也会略为下降。如果要进入的是一个十分成熟的市场,那么纵然市场规模很大,由于已经不再成长,利润空间必然很小,因此这项新创业恐怕就不值得投入。反之,一个正在成长中的市场,通常也会是一个充满商机的市场,所谓"水涨船高",只要进入时机正确,必然会有获利的空间。

4. 市场渗透力

对于一个具有庞大市场潜力的新创业机会,市场渗透力(市场机会实现的过程)评估将会是一项非常重要的影响因素。聪明的创业家知道选择在最适宜时机进入市场,也就是当市场需求正要大幅成长之际,他已经将产能备好,等着接单。

5. 市场占有率

新创业机会预期可达成的市场占有率目标,可以显示这家新创公司未来的市场竞争力。一般而言,要成为市场的领导厂商,需要拥有 20% 以上的市场占有率。如果低于 5% 的市场占有率,则这项新创业的市场竞争力显然不高,自然也会影响未来企业上市的价值。尤其处在具有赢家通吃特质的高科技产业,新创业必须拥有能够成为市场前几名的能力,才比较具有被投资的价值。

6. 产品的成本结构

产品的成本结构,也可以反映该项新创业的前景是否光明。例如,物料与人工成本所占比重的高低、变动成本与固定成本的比重,以及经济规模产量大小,可以判断这项新创业能够创造附加价值的幅度及未来的获利空间。

(二)效益面的评估准则

1. 合理的税后净利

一般而言,具有吸引力的新创业机会,至少能够创造 15% 税后净利。如果新创业机会预期的税后净利是在 5% 以下,那么这就不是一个好的投资机会。

2. 达到损益平衡所需的时间

合理的损益平衡时间应该在 2 年以内达成,如果 3 年还达不到,则恐怕不是一个值得投入的新创业机会。不过有的新创业机会确实需要经过比较长的"耕耘"时间,并通过这些前期投入,构建进入障碍,并因此保证后期的持续获利。在这种情况下,如果将前期投入视为一种投资,而较长的损益平衡时间就可以容忍。

3. 投资报酬率

考虑到新创业机会开发可能面临的各项风险,合理的投资报酬率(ROI)应该在 25% 以上。一般而言,15% 以下的投资报酬率,将不是一个值得考虑的新创业机会。

4. 资本需求量

资金需求量较低的新创业机会,一般会比较受到投资者的欢迎。事实上,许多个案显示,资本额过高其实并不利于创业成功,有时还会带来稀释投资报酬率的负面效果。通常,越是知识密集型的新创业机会,对资金的需求量越低,投资报酬率反而越高。因此在创业开始的时候,不要募集太多的资金,最好获得过盈余积累的方式来获得资金。而比较低的资本额,将有利于拉高每股盈余,并且还可以提高未来上市的价格。

5. 毛利率

毛利率高的新创企业机会,风险相对较低,也比较容易达成损益平衡。反之,毛利率低的新创业机会,则风险较高,遇到决策失误或市场产生较大变化的时候,企业很容易就遭受损失。一般而言,理想的毛利率是 40%。当毛利率低于 20% 的时候,这个新创业机会就不值得考虑。

6. 策略性价值

能否创造新创企业在市场上的策略性价值,也是一项重要的评价指标。一般而言,策略性价值与产业网络规模、利益机制、竞争程度密切相关,而新创业机会对于产业价值链所能创造的增值效果,也与所采取的经营策略与经营模式密切相关。

7. 资本市场活力

当新创企业处于一个具有高度活力的资本市场时,它的获利回收机会也相对比较高。不过资本市场的变化幅度极大,因此在市场高点时投入,资金成本较高,筹资相对容易。但在资本市场低点时,则投资新创企业开发的诱因较低,好的新创业机会也相对较少。不过对投资者而言,市场低点的取得成本较低,有的时候反而投资报酬会较高。一般而言,新创企业在活络的资本市场比较容易创造增值效果,因此资本市场活力也是一项可以被用来评价新创业机会的外部环境指标。

8. 退出机制与策略

所有投资的目的都在于回收,因此退出机制与策略就成为一项评估新创业机会的重要指标。企业的价值一般也要由具有客观鉴价能力的交易市场来决定,而这种交易机制的完善程度也会影响新创企业退出机制的弹性。由于退出的困难度普遍要高于进入,所以一个具有吸引力的新创业机会,应该要为所有投资者考虑退出机制及退出的策略规划。

(三)个人面的评估准则

1. 与个人目标契合程度

创业过程中遭遇的困难与风险极大,因此有必要了解创业者的创业动机,以利于判断他愿意为创业活动付出的代价程度。一般认为,新创业机会与个人目标的契合程度越高,则创业者投入意愿与风险承受意愿自然也会越大,新创业目标最后获得实现的概率也相对较高。因此,一个具有吸引力的新创业机会,一定是一个能充分与创业者个人目标相契合的创业机会。

2. 机会成本

一个人一生的黄金岁月大约只有 30 年,期间可分为学习、发展与收获等不同阶段,而为了这项创业机会,你将要放弃什么?可以由其中获得什么?得失的评价如何?在决定进行创业之前,所有参与创业的成员都需要仔细考虑创业所要付出的机会成本。必须经过机会成本的客观判断,才可以得知新创业机会是否真的对个人生涯发展具有吸引力。

3. 对于失败的底线

俗话说:"留得青山在,不怕没柴烧。"创业必然要面对失败的风险,但创业者也不宜将个人声誉与全部资源都压在一次创业活动上。理性的创业者必须自己设定承认失败的底线,以便保留下次可以东山再起的机会。因此在评估新创业机会的时候,也需要了解有关创业团队对于失败底线的看法。通常铤而走险与成王败寇的创业构想,也不会被投资者视为是一个好的新创业机会。

4. 个人偏好

评估新创业机会的时候,也需要考虑新创业机会的内容与进行方式是否能够符合创业者个人的偏好,包括工作地点、生活习惯和个人嗜好等。

5. 风险承受度

由于每个人的风险承受度都不一样,因此这也将成为影响新创业机会评估的重要因素。一般而言,风险承受度太高或太低均不利于新创企业的发展。风险承受度太低的创业家,由于决策过于保守,相对拥有的创新机会也会比较少。但风险承受度太高的创业家,也常会因为孤注一掷的举动使企业陷入险境。一个能理性面对风险的人,才是比较理想的创业家,由他来执行的新创业机会也才会比较具有吸引力。

6. 负荷承受度

创业团队的耐压性与负荷承受度,也是评估新创业机会的一项重要指标。负荷承受度与创业团队成员愿意为新创企业投入的工作量,以及愿意忍受的辛苦程度密切相关。一般来说,由负荷承受度较低的创业团队所提出的创业构想,成功的概率也会较低。

(四) 策略特色面的评估准则

一个具有吸引力的新创业机会,通常都需要具有某些特色,而这些特色往往能够成为新创企业未来成功的策略性影响因子。以下列举可能影响新创业机会成功的 10 个策略特色,而考察新创企业是否具有这些特色,也是新创业机会评估不可或缺的工作。

1. 创业模式组合

此策略主要评估新创企业在创业者、创业团队、创业机会、创业资源四者间是否能够形成良好的搭配组合,也就是说这项创业活动是否在因缘际会与天时地利人和的情况下形成,并且将人、资源与机会之间做最佳的结合。

2. 团队优势

此策略主要评估创业团队的专业能力、产业经验、道德意识、管理能力、决策能力等的组合,也就是考察创业团队组成与运作是否能够为新创企业带来特定的优势。

3. 服务品质

由于顾客服务品质与企业的市场竞争力攸关,因此新创企业的经营模式是否能在服务品质方面具有差异化特色,并且能够创造明显的竞争优势,也是新创业机会评估时的重要考虑。

4. 定价策略

一个好的定价策略是采取略低于市场领导厂商产品的价格,而不是以过低的价格进行市场竞争。以低价位低毛利抢占市场,通常不是一种可取的竞争策略。因此在进行新创业机会评估时,也需要评估它的定价策略是否具有能够创造优势的特色。

5. 策略弹性

成熟大型企业的最大弱点就是决策缓慢,尤其在需要调整策略方向的时候,往往要经过长期的内部折冲。反之,新创企业组织的包袱较少,决策速度与弹性相对较快,因此策略弹性将成为新创企业发展的竞争优势。对于一项新创业机会的评估,当然也要看它在面临经营环境变化之际,其经营决策方面是否能做出快速弹性的应对。

6. 技术优势

新创企业拥有的技术领先程度、技术专利、技术授权、技术联盟关系等,都可以成为一种创造优势的策略特色。

7. 进入时机

能掌握市场机会窗口打开的时机,采取适当的进入策略,则这项新创业机会成功的概率自然也会大幅提升。因此新创业机会对于市场进入时机的判断水准,也将成为一项重要的策略特色。

8. 机会导向

一般而言,凡是自动上门的机会,品质通常不高,而自己主动发掘的机会,才可能带来好的收益。因此凡是能够密切注意市场变化,主动发掘并实时掌握新创业机会的创业团队,他们创业成功的概率也一定比较高。

9. 销售渠道

渠道经常是一个被忽略的议题,但渠道却可能是对新创企业发展产生致命影响的因素之一。技术背景创业者通常有一种错误的认知,即以为只要产品精良,顾客自然就会上门。但实际上,许多优良的产品却从来没有接触消费者的机会,而原因就是它们缺乏适当的销售渠道。因此新创企业是否在销售渠道规划方面具有一定程度的创新优势与策略特色,也是评估新创业机会不可忽视的重点。

10. 误差承受力

由于所有的创业规划都属于预估,因此未来的实际情况必定与假设情境有极大的出入。所谓新创业规划误差承受力,是指在实现创业目标前提下,执行创业计划的弹性,以及创业团队与创业资源能够承受变动的程度。一项新创业机会如果对于未来情境预测误差有比较高的承受能力,则应该被视为是一项具有策略特色的新创业机会。

虽然针对新创业机会有许多评估准则,但由于创业本身就是一件具有高度风险特质的活动,没有一个创业机会是完美的,因此是否决定投入创业,仍然还是一项比较主观的决策。我们看到许多后来获得重大成功的新创业机会,都历经无数次的"闭门羹"。显然"伯乐相千里马",也是一种主观性的决策。

纵然新创业决策是主观的,但新创业机会评估仍然是一种理性与客观的行为。除了要经过体验新创业机会的缺失,来寻求改进之道,进而提升新创业开发的成功概率,同时要避免投入具有致命弱点的新创业机会。因此我们可以说,发掘新创业机会所隐藏的致命,并因此能够明智地拒绝这种注定失败命运的新创业机会,也是新创业机会评估的主要目的之一。

致命弱点的定义,一般会因新创业机会的内涵与创业者风险承担能力而有所差异。不过当我们在评估一项新创业机会的时候,如果发现以下 8 点致命弱点之一,则创业者与投资家都必须要谨小慎微,因为这项新创业未来极有可能面临失败的后果。

① 创业者的动机不良,尤其在人格特质上具有明显的弱点。

② 创业团队缺乏相关产业经验与企业管理能力,创业试误期长,导致风险成本太高。

③ 新创业看不到市场基础,无法显示创造顾客价值的能力,在市场竞争中也不具有明显优势。

④ 新创业的市场机会不明显,市场规模不大或市场实现时间还遥遥无期。

⑤ 新创业的资源能力有限,无法达到可以形成竞争优势的经济规模。

⑥ 看不出来能够获得显著利润的机会,包括毛利率、投资报酬率、损益平衡时间等指标,都无法达到合理的底线目标。

⑦ 新创业无法具备市场控制能力,关键资源与渠道均掌握在他人手中,随时都有陷入经营危机的风险。

⑧ 新创业缺乏策略特色与竞争优势,几乎不可能获得显著的成功,也不具备创造显著价值的条件,因此根本不值得投入。

任务三 创业项目抉择

我认为做企业要有这些素质,特别在中国市场上,那就是:诗人的想象力、科学家的敏锐、哲学家的头脑、战略家的本领。

——宗庆后

创业初期,对于目标项目的考察,可以说是较为关键也是较让人费神的,聪明的投资者必须做好先期考察,然后才能做出正确抉择。

一、考察创业项目

尽管当前大多数创业者都知道,想要让自己的创业获得成功,需要选择一个好的创业项目。然而,什么样的项目才算是好的创业项目,它有什么特征?也就是说,好的创业项目要从哪些方面进行考察呢?

(一)产品好不好卖

产品卖出去,把钱收回来!这就是赚钱的生意。如果产品不好卖,再大的投入,再多的努力都没有用。

（二）市场够不够大

市场不够大,没有想象的空间,没有"折腾"的余地,项目一开始就没了底气,没了冲劲,根本做不大。

（三）利润可不可观

利润空间不够大,毛利太薄,很难赚到钱。搞不好,辛苦做了一年,年底一算账,不但赔钱还要贴人工进去。

（四）趋势能不能准

把握趋势,追赶潮流也要踩好步点。赶早了,钱不好赚,开发市场成本太高;赶晚了,钱已经被别人赚走了,而且会越做越衰,越做越赔。

（五）收入有没有涨

看重眼前利益的短平快项目,很难让一个人真正赚到钱。真正赚钱的好项目是持续收益的,一年比一年轻松,一年比一年多赚。

（六）模式是不是佳

赚钱要靠系统,赚钱要有套路,单靠个人的蛮力打拼和胡乱折腾,是难以出成效的。业务模式的好坏直接关系到赚钱的多少。

（七）品牌会不会强

做生意要懂得借力借势。选项目看品牌已经是妇孺皆知的道理了,关键还要选中非常有潜力的品牌。这就更需要敏锐的眼光和独到的判断,富人和穷人在这一点上的差距尤为明显。

（八）培训有没有序

做生意赚大钱一定是有步骤、有方法的,成功一定有方法,失败一定有原因。自己摸索,事倍功半;培训引导,事半功倍。两者之间4倍的差距。因此,好项目还需要好的培训,好的支持和服务,否则,做起事情来,麻烦会很多。

总之,如果想选择一个好的创业项目,想让自己的创业选择正确,那么,要从以上8个方面来考虑项目。

二、选择创业项目

正确的选择比盲目的努力重要得多。

如果确定了要创业,那么,到底什么样的项目适合一无所有的人:没资金,没资源?

　　好的项目应该是一部机器，创业者只需要开始的时候启动它，然后它就能自己自动地运行，给创业者带来效益，带来源源不断的财富。而不好的项目则纯粹是手工活，效率不高事小，关键在于创业者时刻不能松懈，一旦松懈，进度立刻停止，财富之门立刻向创业者关闭，就更谈不上源源不断了。因此，创业要像鳄鱼一样，不等到机会就一直潜伏，等到机会就迅速下手。

　　宁愿在寻找、选择中等待，也不能将就屈身，将就屈身会让创业者在错误的路上越走越迷茫。一个好的战略是能够自我强大的，一个好的项目也是如此，正因为这样，选择一个好的项目才变得如此重要。而对于一个想赚钱而又没资金、没人脉的人来说，选择好项目有 3 个标准。根据这 3 个标准，创业者就可以自己去衡量各种各样的项目了。

（一）第一个标准：优选大众化产品

　　第一个标准最为重要，创业项目要选择受众群体大的。看下面两个项目：

　　① 销售感冒药；

　　② 销售心脏病药。

　　只是从生意的收益方面来说，让你选择，你会选择哪个生意做？事实证明，相同条件下，销售感冒药的收入绝对要超过销售心脏病药的收入。这里有两点结论：第一点，你销售的东西所面对的受众群体越大越好。当销售的东西永远只是面对一小撮人时，最终你干不过销售大众化产品的人，而并不是别人比你强多少。看看周围从大到小的生意，是不是这样？卖豪车的企业往往最终会被卖中低端车型的企业收购；卖奢侈品，卖得再贵，利润再怎么高，也很难挤进世界 500 强，这是规律。

　　因此，对于想创业而又一无所有的人来说，要选择大众化的、中低端的东西来销售，消费群体越大，对创业者的销售能力和体系及销售难度就要求越低，就越容易成功，以量取胜。

（二）第二个标准：找下家，做批发

　　在看第二个标准之前，先看个例子。

　　例如，做服装生意，在各方面条件相当的前提下，有的人选择在高档商场租场地做，有的人选择在批发市场租个小门面做。不出意外的话，几年后的情形就会完全不一样了，后者会比前者发达许多。为什么呢？很简单，因为后者做批发，前者做零售。

　　有人就要质疑了，服装是可以重复消费的，有人认定耐克，有人喜欢阿玛尼。但是，好的品牌需要花很多时间、很多资源才能建立，一般人做不到。即使退一步，做知名品牌的代理也很困难，因为需要很多资金。

　　如果创业者的产品能在短期内形成重复消费，那么终端对于创业者本身来讲就是重复消费；如果创业者的产品不能在短期内形成重复消费，终端对于创业者本身来讲就不是重复消费。这时候创业者如果有经销商，情况就不一样了，经销商对于创业者本身来讲就是重复消费。

　　因此，第二个标准就是：找下家，做批发。

　　对于创业者来说，所销售的东西一定要在短周期内重复消费。这点尤为重要。能重复消费的好处太多了，多到创业者一旦入迷将不能自拔。能重复消费的话，则创业者后期行销

成本和利润的比例将会让人赏心悦目;能重复消费的话,后期创业者用可以忽略不计的成本,就能带来源源不断的现金;能重复消费的话,创业者的大量精力可以得到解放,可以轻轻松松地赚钱或再做个项目。

选择能重复消费的项目来做的精髓在于:创业者在事业进入稳定期后,能很轻松地退出具体执行,只需要做适当监管的工作,而利润却不会随创业者身份的转变而减少。所以,宁愿选择花很少精力获取小而稳定利润的项目,也不要选择要花全部精力获取较大利润的项目。因为一个项目稳定后,创业者若还不能抽身出来让事业自动循环产生效益,那怎么能达到轻松赚钱的目标呢? 更谈不上实现财务自由的终极目标了。

(三)第三个标准:创业结构尽可能简单

现在开始谈第三个标准,也是先看一个例子。

好几年前,有2个小伙子,琢磨着创业,都打算进军餐饮业。

于是,一个人去了厨师学校,毕业后在一家不错的酒楼当了2年厨师后辞职,东拼西凑了几万元,凭着自己的手艺开了个小餐馆;另一个则找了个做烧饼的师傅当学徒打工,一年不到就学到了做烧饼的技术,辞职后也开始了自己的创业生涯——开店卖烧饼。

几年后,第一位小伙子在原有的基础上兼并了旁边的一间小店,由于他烧菜的手艺的确不错,餐厅的生意好得不得了,天天人满为患,那小伙子整天忙得不亦乐乎,脸上始终洋溢着幸福的笑脸。

而另一位小伙子,可就更不简单了,在当地的直营店、加盟店就有几十家了。原来,他技术学成辞职后,手上不到一万元,只能租个小店,自己卖烧饼,起点可比第一位小伙子低多了。可之后他在发展中就只做两件事:①到处去租合适的门面房;②找一帮学徒,传授他们做烧饼的技术。然后,与他们合作,让他们去自己租好的店做烧饼卖,自己为他们统一提供技术支持和指导,统一提供设备的配备,统一提供原材料的供给,然后巡店监督,利润分成。不知道大家是否看到了肯德基和麦当劳的影子? 所以,第三个标准就是:创业结构要尽可能简单,容易快速、低成本地复制。

这就是项目,这就是可操作的项目。

总的来说,对项目,包括项目方的考察是一件非常细致的事情,需要投资者有足够的耐心和敏感度。为了投资安全,付出一些这样的心力还是值得的。

项目实践

根据推荐的两个创业项目案例,点评拟创业的两个项目。

项目实践一　校园外卖网

目标客户："宅到底"的学生

启动成本：★★★

案例检索：南京工业大学学生窦可玉等3人2011年创办了"蹭饭网"。点开"蹭饭网"，顾客只需登录账号，在南京工业大学江浦校区、江浦阅景龙华、南京工程学院、南广学院等选项中选好站点，再选择商家、下订单、填写地址、手机号码后，就可以静候美味大餐送上门了。2012年5月，"蹭饭网"已经收回成本开始盈利，团队从3人增加到10人，站点增加至3个。

关键问题：为了解决网站速度慢、商家订餐短信接收不到等问题，换掉了服务器；为了使网站更加吸引人，多次更新页面。

推广策略：选择"光棍节"上线，发宣传单、扫楼、挂横幅，在同学评价差的食堂附近宿舍区重点宣传。

专家点评：妙用互联网，"四两拨千斤"。创业初期，势单力孤，面对着已经壮大的行业前辈往往有"望洋兴叹"之感，但不用沮丧，在新兴的互联网技术面前，大家都是平等的。况且大学生有知识，有思路，接受新事物快，互联网创业天生有优势。本项目立足沟通买卖双方，搭建交易平台，有那么一点"小淘宝"的意味。建议对强势商家跟进打造平台保持警惕，应增强核心竞争力，不断优化用户体验，保持先发优势。

项目实践二　校内快递

目标客户：校内师生

启动成本：★★★

案例检索：广西国际商务职业技术学院学生夏燕康和另外4名同学一起创建了"快递服务工作室"，实现了快递在校园内送货上门。在总结了其他校园快递的经验模式后，他们采用的新模式是：通过在高校建立第三方快递代理企业，为各快递公司开展校园快件派送服务，既突破快递公司校园投递的局限，又能发挥高校学生熟悉校园情况的优势，还能提供部分勤工助学岗位。工作室每天要派发的快件多达四五百件，还有几十份寄件。"光棍节"那天，快递工作室就投递了近千件包裹。

关键问题：与快递公司谈合作是最大的难题。一开始，夏燕康去跟一些快递行业龙头企业介绍自己的项目计划时，对方见他是学生根本不屑与他合作。经过2个星期的软磨硬泡，申通快递公司率先被他打动，同意合作。有了示范效应，"校园快递工作室"很快与其他3家规模较大的快递公司签订了第三方快递代理合作协议。此外，收件人如果不在怎么办，怎样按路程远近分配送达顺序，如何打电话沟通等一个又一个工作中遇到的新问题，则需要不断总结经验教训来解决。

推广策略：只要能成功争取到各大快递公司的"校园投递代理权"，便能够跟这些快递公司分成赚钱。一天一所高校的快递数至少也有四五百件，在控制好成本的基础上，校园快递公司要实现盈利并不难。

专家点评：随着电子商务的兴起，快递物流行业渐成新宠，时下整个行业处于急速膨胀期，快递员收入水平随即水涨船高。具体到本项目而言，首先，创业者作为在校学生，要面临上课、考试等没时间工作的问题，一旦不能及时将快递送到收件人手上，那么自身服务就没有意义了；其次，快递物品发生丢失、损坏等问题，难以界定责任，万一出了问题，对于学生来说，也很难承担后果。这些因素，创业者应予考虑。

项目实践三　　电动自行车租赁

目标客户：

启动成本：

案例检索：

关键问题：

推广策略：

专家点评：

项目实践四　　服装批发

目标客户：

启动成本：

案例检索：

关键问题：

推广策略：

专家点评：

项目三

组建创业团队

项目目标

1. 了解创业团队的内涵,掌握创业团队的构成。
2. 熟知创业团队的岗位设置,设计创业团队的组织结构。
3. 招募创业团队的成员,管理创业团队的成员。

导学
案例

你会选择谁

如果《西游记》的取经团队中需要裁掉一个人,你会选择谁?

在《西游记》这部历久弥新的文学名著中,描述了由 4 种不同性格的成员组成的一支取经团队,如何战胜九九八十一难,最终取回真经的艰险历程。其中,由原版故事中师徒四人的角色定位而引发的争论,一直以来都是人们热议的话题。

在这支取经团队中,唐僧作为领导者,有崇高的品质、坚定的信念和极强的原则性,又很得上司赏识和支持(如直接受命于唐太宗,既给袈裟,又给金碗;得到以观音为首的各路神仙的广泛支持和礼遇)。团队正需要像唐僧这样有长远目标和志向而又矢志不渝的领导,更可贵的是他还有一颗仁德之心。再来看看孙悟空,大家之所以喜欢看《西游记》,多半是因为里面有一个神通广大的孙悟空。他意志坚决、行动果敢、酷好变化、精力充沛、越挫越勇,俨然就是一个业务能手(打妖怪),可谓是技术攻关队长,碰到困难(妖怪),一路排除,保驾护航,确保师傅生命安全。虽然他在五行山下反省和历练,为人处世及脾气都有改善,但他问题最多,受罚也最多,时不时闹离家出走。猪八戒、沙和尚和白龙马是普通团队成员。猪八戒,原本是天蓬元帅,看来好吃懒做,好色贪财,貌似在团队里没有多大的用处。但他脸皮厚,嘴巴甜,待人和善,能受气,不计个人得失。猪八戒能当上元帅,肯定有他的过人之处,有魅力,沟通能力强,而且性格开朗,充满活力,心态特别好,能够接受任何批评而毫无压力,依然开心地做好本职工作。猪八戒就是团队的润滑剂,一个团队如果为了工作,没有活力和欢乐,想必也不会有好的绩效。沙和尚,任劳任怨、言语不多,默默无闻承担了团队中粗笨无聊的事务性工作。但他冷静、平和、有耐心,而事实也证明,他能够胜任这份工作并且持之以恒。现在为了节约成本,在《西游记》的取经团队中需要裁掉一个人,你会选择谁?

这个话题很经典,也很有趣,在这样一个堪称"完美团队"的师徒四人经典组织里,选择裁掉谁,对于整个团队来说都是一个巨大的损失。取经团队之所以能够矢志不渝取得真经,历经磨难终成正果,就是因为师徒四人的通力合作、完美结合。没有一个人是万能的,即使神通广大的孙悟空,也无法独自完成取经大任。然而,我们却能通过组建团队,通过别人的帮助,来弥补自身的不足。这个世界上很难有完美的个人,但有完美的团队。当下是最好的创业时代,创业能否成功,团队关乎一切。初创企业的成败,关键是创业团队的力量。"一个好汉三个帮",团队是创业成功的基石!组建一支无坚不摧的优秀创业团队,你准备好了吗?

知识讲坛

任务一　理解创业团队概念

你会做的,我不会做;你不会的,我会。我们在一起就能做成大事。

—— 特蕾莎修女

一只大雁只有飞入雁阵,才会有成功的迁徙;一滴水只有融入大海,才会有不竭的生命;一只狼只有加入狼群,才会有猎杀虎豹的良机。这就是个体变为团队的一部分而创造的奇迹。个体的成长离不开团队,个体的成熟离不开团队,个体的成就更离不开团队。团队就是指在一定环境内,由两个或两个以上的相互作用、相互依赖的个体,为了实现共同的特定目标而按照一定规则结合在一起的共同体。团队是一种精神,是一种力量,团队努力的结果导致团队绩效远远大于个体绩效之和。

一、创业团队的内涵及构成要素

(一) 创业团队的内涵

"大众创业,万众创新",越来越多的人加入自主创业的行列,然而单就一个人的实力、经验及经济能力等各方面的局限性都大大限制了初创企业的发展。更多的创业者选择以团队的形式创业,创业团队应运而生。优秀的创业团队也逐渐成为创业成功的最为关键的因素。美国的一项研究表明,83.3%的高成长企业是由团队建立的,团队创业型企业的成长性明显优于个体独自创业型企业。然而,在我国单打独斗的思想根深蒂固,在小微企业创业中普遍存在。对于今天的中国创业者而言,要推动企业快速发展并取得成功,急切需要以全新的现代团队理念代替传统的独自创业理念。团队就是把想法变成执行的催化剂,有再好的创业想法,没有创业团队去执行,永远都只是纸上谈兵。个人单打独斗的时代已经过去了,如今是抱团打天下。团队合作的优势在于机会识别能力较强、机会利用能力较强,以及机会开发能力较强,如图3-1所示。

图3-1 创业团队优势

创业团队是指在创业初期(包括企业成立前和成立早期),由两个或两个以上的创业者组成,具有共同的价值追求、创业理念,愿意共同承担风险,共享收益,愿为共同的创业远景而奋斗的正式或非正式组织,也可以称为利益共同体。狭义的创业团队是指有着共同目的、共享创业收益、共担创业风险的一群创建新企业的人。广义的创业团队不仅包括狭义的创业团队,还包括与创业过程有关的各种利益相关者,如风险投资家、专家顾问等。通常,我们将2~3人的创业团队称为超小型创业团队,4~5人的创业团队称为小型创业团队,6~8人的创业团队称为中型创业团队,9人以上的创业团队称为大型创业团队。

(二)创业团队的构成要素

一般而言,完整的创业团队都包括5个要素,简称5P,即人员(people)、目标(purpose)、定位(place)、职权(power)、计划(plan)。这5个要素是组成团队必不可少的。

① 人员。人员是指构成创业团队的具体人员,包括创业发起人、主要参与人员,以及之后在创业期内陆续招入的核心工作人员。人员是创业团队中最核心的部分,创业团队中人员的选择要非常慎重。创业团队成员必须要志同道合且拥有共同的创业理念和目标,其共同点主要体现在价值观、金钱观、创业观等方面。然而,对一个优秀的创业团队而言,成员之间仅仅有共同点是不够的,还需要有互补点。创业团队成员要多元化,成员之间的优势互补但并非简单的叠加。优势互补既要有性格上的互补,同时还要有专业、特长、技能及人脉资源等方面的互补。人作为知识的载体,所拥有的综合能力对创业团队的贡献程度将决定企业在市场中的竞争力。

② 目标。创业团队因理想和目标而凝聚,创业目标是将成员的努力凝聚起来的重要因

素。从本质上来说,创业团队的根本目标都在于创造新价值。"人往高处走,水往低处流。"人往高处走的方向取决于人的眼光,而目标提供了动力。目标的高低决定了创业团队未来能够走多高,走多远,一个高瞻远瞩的目标是一个创业团队可持续发展的不竭动力。目标包括短期目标,即一两年内要达到什么样的状态,一般是指如何实现盈利;中期目标,即5年内要达到的目标,主要是规模目标;长期目标,即5年以后的目标或企业的终极目标,如行业地位、公司上市等。

③ 定位。来自社会不同部分的人们能够真正成为团队伙伴,需要深入研究企业组织结构模式,对创业团队进行准确的定位。创业团队的定位主要包含两层意思:一是创业团队的定位,即团队是什么类型的,团队面临的首要任务是什么,团队对谁负责,依据什么原则决定团队的成员和团队的各种规范;二是创业团队成员个体的定位,即每个成员在任务中扮演什么角色。明确团队的定位非常关键,不同类型的团队在工作方式、工作周期、一体化程度、授权大小、决策方式上都有非常明显的差别。例如,一个研发团队的工作周期很短,则它的成员的差别化要求会极高;一个服务团队需要持久的工作,则它的一体化程度要求是非常高的,而它的成员的差别化要求不高。

④ 权限。权限是指创业团队成员在新创企业中的角色定位和职能分配,即担任的职务和承担的责任。合理的职能分配是创业团队成功的必备条件。在创业团队中,职能分配一是团队领导者的权力大小。团队领导者的权力大小与创业团队的发展阶段有密切关联。一般来说,在创业团队发展的初期,领导权相对比较集中;团队越成熟,领导者拥有的权力相应就越小。二是团队权力的大小。要确定整个团队在组织中拥有什么决定权,如财务决定权、人事决定权等。要根据每个团队成员的优势和专业特长确定职责,以更好地保证每个成员都能最大限度地发挥自己的功效,从而提高整个团队的办事效率。同时,创业团队还需要明确规定每个团队成员所拥有的权力。虽然许多创业团队推崇群策群力,将决策权交给全部成员,但是在具体执行的时候还是需要适当的分权,个人需要拥有与职能相对应的决策权力。职能分配能使团队成员在紧密结合的基础上统筹合作、协调一致,既能提高团队的工作效率,又能增强整个团队的士气,获得更多的收益。

⑤ 计划。计划是指创业者在一定时期内的具体计划,即制定成员在不同阶段分别要做哪些工作及怎样做的指导计划。计划是对达到目标所做出的安排,是未来行动的方案,可以把计划理解成目标实施的具体工作程序,包括产出方面的计划、投入和保障体系等方面的计划。计划只有在一步一步地认真落实下,才会贴近目标并最终实现目标。科学翔实的计划是创业团队成功的前提,也是实现创业目标的重要保障。创业团队成员在制订计划时,要全面考虑企业自身的优势、劣势,创业企业内外部环境等各方面的因素,其不仅要服务于创业团队短期的目标,还要有利于创业企业长期战略目标的实现。另外,计划一定要具有可行性和可预见性,否则就只能是纸上谈兵。计划不仅要确保组织目标,还要使创业团队的资源得到最合理、最有效的应用。

二、创业团队成员

一般来说,创业初期应尽量少招人,尽量用最少的人完成最多的事。Whatsapp 被 Facebook 用百亿美元收购的时候仅仅有五十几名员工,这就相当于每个人产出三四亿美元。不是说公司越大赚钱越多,创业团队的成员就越多,至少在早期,应该是精简团队,尽量少招人。团队成员的选择是创业团队组建的第一步,也是打好根基的重要基础。创业团队以高度的互补性、知识技能的跨越性、信息的差异性为特征。因此选择成员时,不仅要考察人员自身的能力与素质,更要关注如何打造相互契合、优势互补的创业团队。此外,应尽量精简团队成员,核心成员一般为 2~8 人。

一般来说,创业团队由下列人员组成:

① 领导者或首席执行官;

② 合伙人或股东;

③ 核心员工;

④ 企业顾问。

(一)领导者或首席执行官

在多数企业中,业主就是经理、团队的领导者、总裁、首席执行官。众所周知,一个优秀的团队首先要有一个具有全面素质和能力的领导者。一名合格的领导者应该具备什么样的素质和能力呢? 杰克·韦尔奇认为:"在担任领导之前,成功皆仰赖于自身的成长;当你成为一名领导之后,成功皆仰赖于如何使他人成长。"

资料卡

鹦鹉老板

一人去买鹦鹉,看到一只鹦鹉前标牌上写着:此鹦鹉会 2 门语言,售价 200 元。另一只鹦鹉前标牌则标道:此鹦鹉会 4 门语言,售价 400 元。两只都毛色光鲜,非常可爱,到底该买哪只呢? 这人转啊转,拿不定主意。这时,他突然发现旁边还有一只老掉牙的鹦鹉,毛色暗淡散乱,标价 800 元! 这人赶紧将老板叫来:"这只鹦鹉是不是会说 8 门语言呢?"店主说:"不。"这人就觉得奇怪了:"那为什么这只鹦鹉又老又丑,又没有能力,会值这个数呢?"店主回答:"因为另外两只鹦鹉都叫这只鹦鹉'老板'。"

资料来源:车新业,陈谦. 35 岁前成为百万富翁的 16 堂创业课[M]. 北京:中国经济出版社,2010.

这个故事启发我们:成功的领导者,自己的能力不一定要最强,而要善于管理团队,团结比自己更强大的力量。事实上,许多能力非常强的人很自负,觉得什么人都不如自己,追求完美,事必躬亲,最后只能做好某一个领域,却成不了优秀的领导者。

领导者的内心一定要强大,必须能够忍受自己无法改变的事实,承受普通人无法承受的压力,有耐力去改变自己可以改变的事情,有勇气去面对自己做错的事情,有胆量去接受任何尖锐的批评意见,从而自我完善,不断修正自己。毛泽东说,要学会10个手指弹钢琴,10个手指有长有短,要合作,要分工,要协调。当领导要有组织与协调能力,知道怎样组织和如何协调,这是凝聚自己团队实现工作目标必须具备的基本素养。领导者还要有掌控全局的能力、民主决策的能力。做事先做人,要以人为本,好的领导懂得尊重团队成员,懂得有效激励每一个团队成员把公司奋斗目标内化为自己的目标,并把这个目标融入自觉性工作之中。创新是企业的灵魂,领导者还要有开放的思想心态,不断创新的理念。

(二)合伙人或股东

2014年8月,徐小平在美国科技类博客国际创新峰会上发表主题演讲中说:"合伙人的重要性超过了商业模式和行业选择,比你是否处于风口上更重要。"合伙人指的并不是员工,而是在创业中有时间精力,有一定的能力,能够起积极辅助作用的人,并不是随便找个亲戚朋友出钱出力就可以做合伙人的。所谓"三个臭皮匠赛过诸葛亮"。合伙人是创业过程中非常重要的一环,选择一个好的创业伙伴,能让你事半功倍,选对了合伙人,成功或许就会容易很多,而一旦选错则后患无穷。在选择合伙人时一定要进行考察,做一个全方位的分析,才能共同创造财富。

资料卡

选择合伙人必须考虑的因素

理念一致,志同道合

兴趣是第一老师,创业合伙人与你有相同的看法,对市场有相同的思路,那么大家更有信心创业,创业才有更大的激情。

拥有良好的品行

品行良好的人,能树立榜样,给其他人带来示范效应。品行良好的人有好的习惯,影响周边工作的每一位伙伴,能与这样的人在一起创业,"何乐而不为"。

具有互补性

合伙人能与你互补,取长补短。在工作能力、专业技能、性格、社会资源各有长处,达成互补,才能发挥出更多的能量。

有理想,有目标

与一个积极向上、有理想、有目标的人一起合伙,会让你受到鼓舞,更有动力。如果合伙人是个不思上进的人,在困难面前退缩,那创业肯定是难上加难。

讲求实际

拥有一个务实、脚踏实地、肯干、能吃苦的伙伴,才是最重要的。拥有一个卖力的合伙人,干劲十足,那还有什么事做不成呢!

资料来源:戴冠宏.打造超强创业团队[M].北京:中国铁道出版社,2016.

（三）员工

创业是一件非常不容易的事情，通常情况下，只有一小部分创业者能够在激烈的竞争中存活下来。因此，在初创企业中，选择合适的员工显得尤为重要。员工不一定全是精英，要有持不同意见的人，要注重员工的多样性。如果你和你的创业团队成员全部投入企业工作，那么你们也是企业的员工。如果你们没有能力完成所有的工作，就需要再雇人，雇用临时工也是常见的用人方式。

一般来说，公司的任务和目标是由团队协作完成的，而不是一个员工就可以做到的。因此，团队是公司的基础单位，每一个员工要能够与团队同甘共苦，在团队中把集体利益放在第一位，以集体为中心，克服个人英雄主义的思想和行为，而且很多时候，员工需要牺牲个人利益，来争取团队利益。

（四）企业顾问

企业顾问，又叫企业管理咨询顾问，是指能够运用有效的方法和科学的原理，结合自身丰富的企业运营管理经验为企业带来改善的企业外部专家。其职责是帮助企业建立健全企业规划、企业运营、企业文化，以及薪酬制度、企业培训制度等。

优秀的企业顾问可以提供下列服务：

① 一次性的帮助（如融资）；
② 技术指导（法律咨询）；
③ 战略性地评价企业的计划，给出建议；
④ 帮助企业发现生产、经营、管理上的主要问题及原因，并制订切实可行的改善方案；
⑤ 传授经营管理的理论与科学方法。

三、创业团队组建的基本原则

创立团队组建的基本原则如下。

① 目标明确有效原则。首先目标必须明确，这样才能使团队成员清晰地认识到共同的奋斗方向和前途是什么。与此同时，目标也必须是有效的、切实可行的，这样才能真正达到激励团队的目的。

② 精简高效原则。为了减少创业初期的用人成本、最大比例地分享成果，创业团队人员构成应在保证企业能高效运作的前提下尽量精简。

③ 互补原则。一个优秀的团队，成员之间的契合度应该很高，也就是互补性非常强，能够弥补成员间的短板和不足。所以，我们在组建创业团队时，要通过相互协作发挥出"1+1＞2"的协同效应。

④ 共同价值观原则。真正的团队生命力就是团队成员的共同的价值观。在共同价值观的指引下，团队成员比较容易交流和沟通，每位成员都能达到心灵深处的共鸣，从而增强创业团队的凝聚力。共同的价值观是企业文化的重要基础，是组织的灵魂，也是维系组织生存发展的精神支柱。

任务二　设计团队组织结构

　　经营企业，是许多环节的共同运作，差一个念头，就可能导致完全失败。

——松下幸之助

一、创业团队的岗位设置

　　团队角色理论最早是由英国管理学家梅雷迪斯·贝尔宾博士提出的。他在剑桥大学管理学院人员的协助下，进行了两个为期9年的重要研究团队试验。他在1981年初次提出了"Belbin团队角色模型"，经过12年的推广应用和修正，在1993年重新提出修正的研究成果。研究认为，每个期望成功的团队都必须拥有9种角色，即创新者、资源调查者、协调者、塑造者、监控评估者、协作者、执行者、完成者和专家，同时指出这9种角色与团队规模大小无关，在大多数小微企业中一个团队成员要承担多种角色，或者多个成员承担一个角色。综合国内外学者有关团队角色的研究成果，结合小微企业的发展特点，可以将创业团队角色划分为5类，即组织领导类角色、设计创新类角色、动议整合类角色、协作执行类角色和监督评估类角色。这5类角色通过互助协作和监督控制达到创业团队的平衡，是较为完整合理的创业团队组合模式。该组合模式的平稳运作，使创业团队朝着不断发展壮大的方向前进。

　　企业的基本职能主要包括研发、生产、营销、财务四大部分，企业的经营运作主要围绕着这4个领域展开。所以，新创企业的创业团队基本岗位应主要包含领导、生产主管、研发主管、营销主管和财务主管。这5种基本岗位是新创企业不可或缺的岗位组合，具有密切关联与交互的特点，同时也与组织领导、资源整合、设计创新、协作执行、监督评估5个创业团队角色类别相对应。因此，在组建新企业时，可以根据创业团队的5类角色特征，使5种基本岗位与创业团队成员角色合理匹配。

　　将创业团队划分为5类基本岗位：领导、研发、生产、销售及财务。这5类基本岗位密切关联，是较为完整的创业团队组合模式。把5个基本岗位与创业团队5类角色属性进行合理匹配，可以得到如下结果，即组织角色适合领导岗位，设计角色适合研发岗位，执行角色适合生产岗位，动议角色适合销售岗位，监督角色适合财务岗位。这种组合模式通过互助平衡团队，趋向有序，并能使创业团队不断发展壮大。

　　但在实际的创业过程中，创业团队岗位设置并非一定总由5种岗位组成，而是根据企业性质、行业特点及创始人个性，形成一个适合企业发展的团队组成人数。尤其是在创业初期，非5人创业团队的人员组合是普遍存在的，但它仍然是基于5类角色划分的创业团队而运转的。5人以下的创业团队，每个空缺的岗位特性都应该及时由其他角色成员补上，创业过程应该时刻保持整个创业团队角色的动态平衡。

二、设计团队的组织结构

企业的组织结构是指组织机构的横向分工关系及纵向隶属关系的总框架。新创公司为了更好地保证各职能部门的正常运转就必须对公司的组织结构与权责进行分配。不然的话就会出现该管的事没人管,不该管的多头管理的局面。一般来说,刚刚创业时团队成员不会太多,组织结构比较简单,进行组织架构设计时主要注意两个方面的问题:第一,你的企业内部部门和岗位的设置;第二,部门和岗位之间的关系。

(一)设计创业团队组织结构的步骤

步骤一:厘清企业内部有哪些工作职能,内部组织可以划分为哪些部门,设置多少工作岗位。

步骤二:明确各工作部门和岗位之间的关系,是并列关系还是从属关系,同时需要考虑并列关系的部门和岗位之间如何进行协调和配合。

步骤三:明确各部门和岗位的工作职责和权限。

步骤四:具体考虑各部门和岗位应该设置哪些人员,设置多少。

创业团队的组织结构就是描述创业组织的框架体系,是帮助创业团队实现创业目标的手段。组织结构要解决的关键问题是企业如何更有效地实现自身的战略目标,创业团队组织结构产生于组织的战略,因此,战略与组织架构紧密结合是自然而然的。设计组织结构应当服从战略,如果创业团队组织的战略做了重大调整,那么,就必须修改组织结构以适应和支持这一变革。

(二)常见各类小企业的典型组织结构

为了新创企业的有效运作,创业者必须进行科学合理的组织设计。组织结构呈现的是组织中所设置的各个层次的不同岗位,各个岗位上的成员所拥有的权利、承担的责任,各个岗位之间、组织成员之间的相互关系。与管理制度一样,企业的组织结构需要根据企业的特点选择,在设计企业的组织结构时,切忌随意引用他人的方式。究竟该把企业组织设计成何种形式呢?一般来说,企业的组织结构有不同的形式,大致有如下几种。

1. 直线型组织形式

直线型组织形式是最早、最简单的一种组织形式。组织形式简单,上下垂直领导,即"一个人,一个头儿"。其结构如图3-2所示。

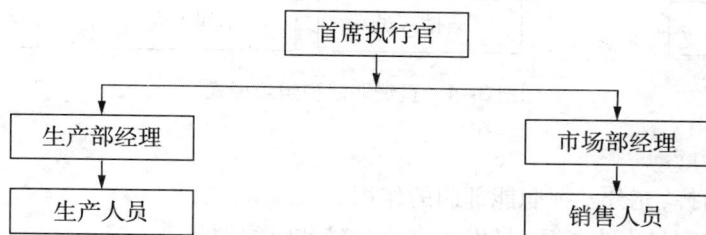

```
                    ┌─────────┐
                    │ 首席执行官 │
                    └─────────┘
              ┌──────────┴──────────┐
        ┌─────────┐           ┌─────────┐
        │ 生产部经理 │           │ 市场部经理 │
        └─────────┘           └─────────┘
        ┌─────────┐           ┌─────────┐
        │ 生产人员 │           │ 销售人员 │
        └─────────┘           └─────────┘
```

图3-2 直线型组织形式

适用范围:小微企业。

优点:权力集中,责任分明,形式简单,效率高。

缺点:领导者能力有限,顾此失彼,易出现失误。

2. 职能型组织形式

这种组织形式内部除了直线管理者外,还根据企业业务活动的相似性设立了一些组织机构,分担某些职能管理的业务。其结构如图3-3所示。

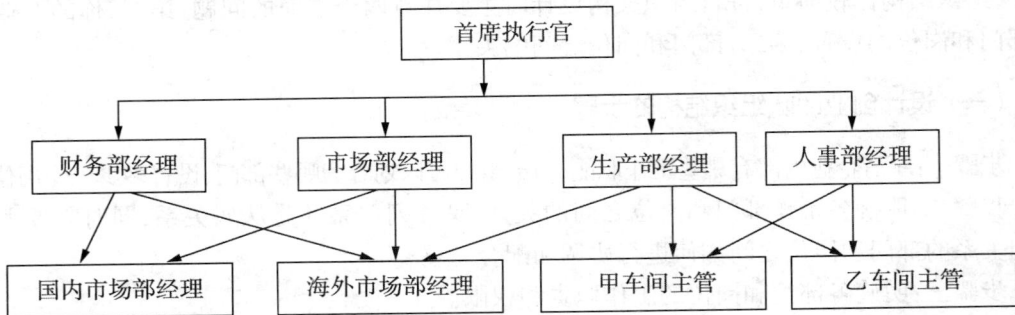

图3-3 职能型组织形式

适用范围:没有广泛应用。

优点:专业化分工,减轻上层管理者的负担。

缺点:多头管理,容易造成管理的混乱。

3. 直线职能型组织形式

这种组织形式结合直线型和职能型组织形式的优点,是一种以直线结构为基础,实行统一指挥与职能部门参谋、指导相结合的组织形式。其结构如图3-4所示。

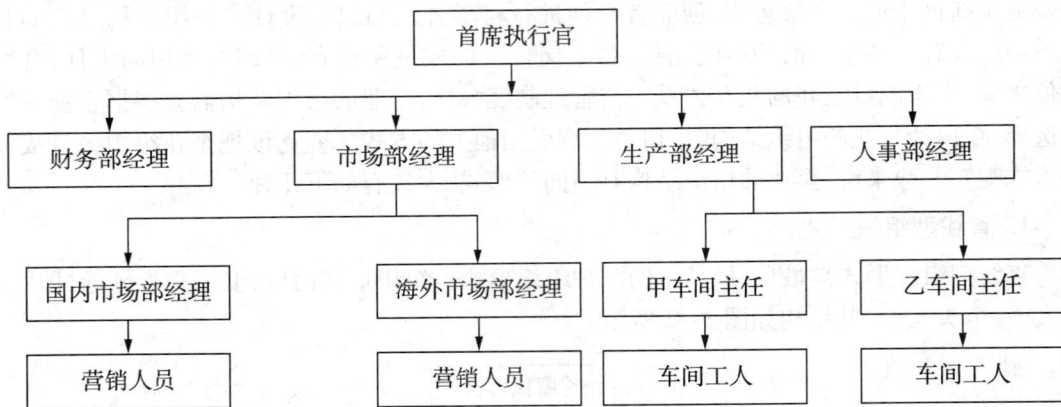

图3-4 直线职能型组织形式

适用范围:较广。

优点:统一指挥,充分发挥职能部门的作用。

缺点:部门之间易发生矛盾,易发生官僚主义和组织僵化。

4. 事业部组织形式

这是一种在总公司制度管理下设立多个事业部,各事业部在经营管理上拥有自主性的现代企业组织形式。其结构如图3-5所示。

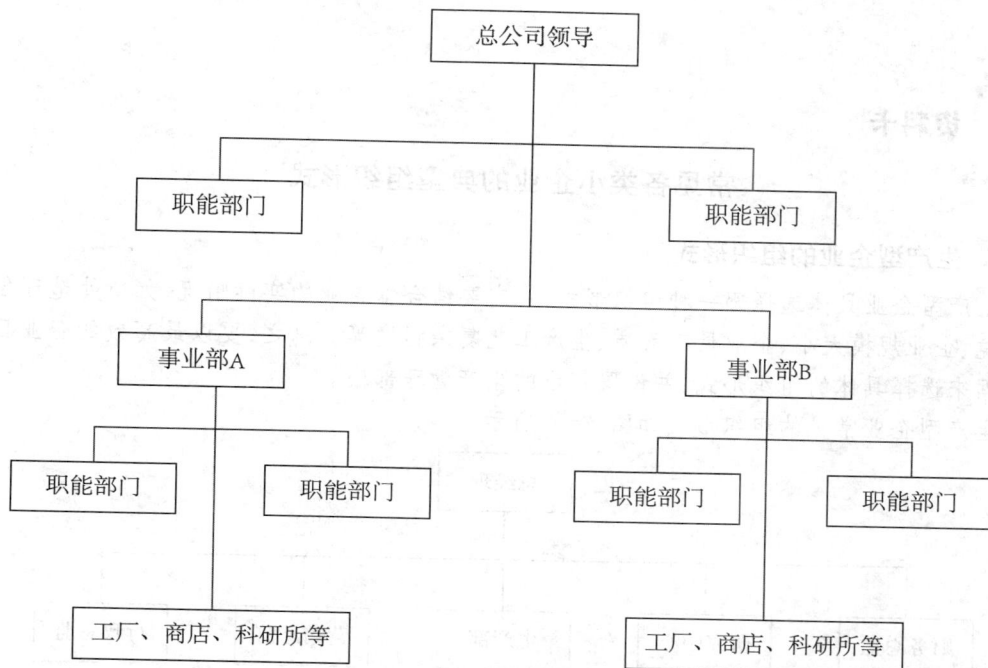

图3-5　事业部组织形式

适用范围:规模大、产品多、市场分布广的企业。

优点:分散经营,集中决策,提高了管理的灵活性。

缺点:易产生本位主义和短期行为。

5. 矩阵组织形式

这是把按职能划分的部门与按产品(项目、服务等)划分的部门相结合形成矩阵的一种组织形式。其结构如图3-6所示。

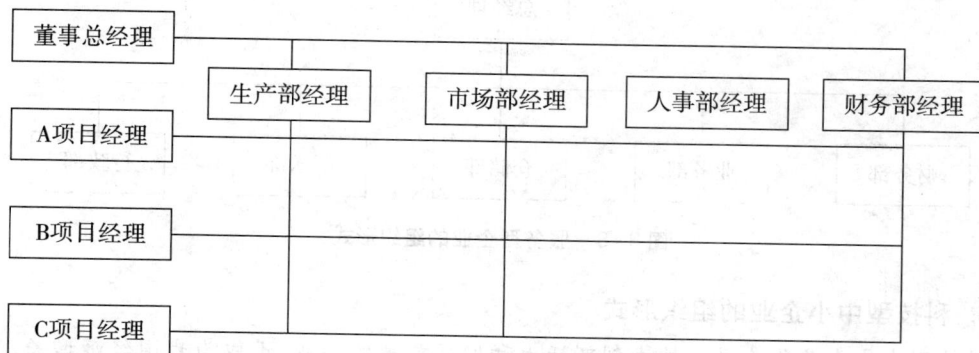

图3-6　矩阵组织形式

适用范围:综合运用的项目。

优点:纵横交合,发挥优势。

缺点:容易发生矛盾,导致决策混乱,耗费较多管理成本。

资料卡

常见各类小企业的典型组织形式

1. 生产型企业的组织形式

生产型企业具体选择哪一种组织形式,一定要结合本企业的实际情况,如所处地理位置及环境、企业规模大小、企业员工素质、生产工艺复杂程度等。总之,要以最高效的企业目标为依据来选择具体的组织形式,并设置相应的生产管理部门。

生产型企业常见的组织形式如图3-7所示。

图3-7 生产型企业的组织形式

2. 服务型企业的组织形式

服务型企业要建立健全顾客满意服务体系,就必须针对不同企业特点与自身的不足,建立健全以顾客满意为目标,协调高效、应变能力强的服务型企业组织形式。组织形式要以组织设计为"重心",环环相扣、互动促进。

服务型企业常见的组织形式如图3-8所示。

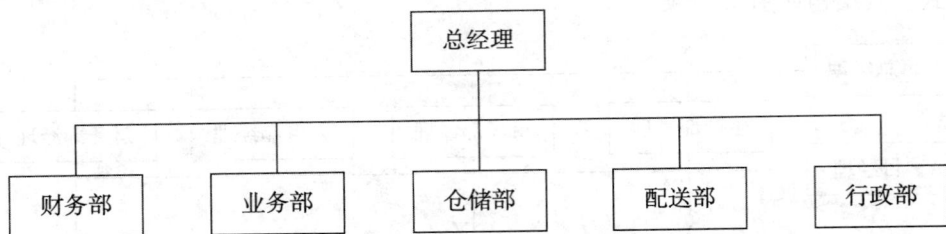

图3-8 服务型企业的组织形式

3. 科技型中小企业的组织形式

科技型中小企业作为最具技术创新活力和发展前景的企业,正成为我国经济增长、科技进步和就业等方面的重要力量。科技型中小企业的技术创新总是要通过一定的组织形式来实现,组织形式直接影响着组织效率,而组织效率又影响着技术创新的成果与效率。因此,科技型中小企业在进行技术创新时,应根据不同的发展阶段进行组织整合及设计。

常见的科技型中小企业的组织形式如图3-9所示。

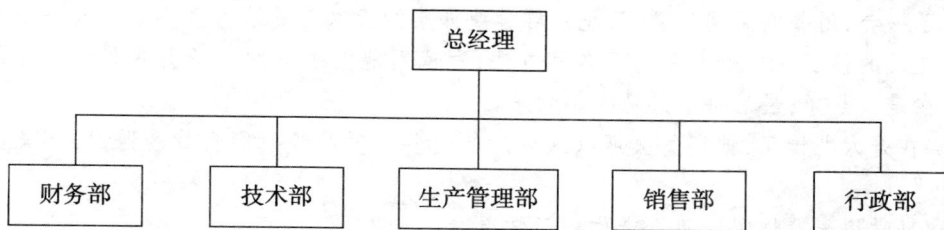

图3-9　科技型中小企业的组织形式

任务三　建设创业团队

如果把我剥得一文不剩丢在沙漠的中央,只要一行驼队经过,我就可以重建整个王朝。

——洛克菲勒

　　通常情况下,企业的任务和目标都是由团队共同完成的。而不是一个人就可以完成的。创业团队是公司的基础单位,这就要求每一个团队成员能够与团队同甘共苦,牢牢地与团队结合在一起。

　　员工在团队中应以集体为中心,把集体利益放在第一位,克服一些个人英雄主义和单打独斗的思想及行为,有时甚至还需要牺牲个人利益或眼前利益,来争取集体利益和长远利益。

资料卡

天堂与地狱的寓言

　　一位一生行善无数的基督教徒,他临终前天使特地下凡来接引他上天堂。天使说:"大善人,由于你一生行善,成就很大的功德,在你临终前可以答应你一个最想完成的愿望。"

　　大善人说:"我信奉主一生,却从来没见过天堂与地狱究竟是什么样子。在我死之前,您可不可以带我到这两个地方参观参观?"

　　大善人跟随天使来到了地狱,在他们面前出现一张很大的餐桌,桌上摆满了丰盛的佳肴。

"地狱的生活看起来还不错嘛！没有想象中的悲惨嘛！"大善人很疑惑地问天使。

"不用急，你再继续看下去。"天使说。

过了一会，用餐的时间到了，只见一群骨瘦如柴的饿鬼鱼贯地入座。每个人手上拿着一双长十几尺的筷子。每个人用尽了各种方法，尝试用他们手中的筷子去夹菜吃。可是由于筷子实在是太长了，最后每个人都吃不到东西。

"实在是太悲惨了，他们怎么可以这样对待这些人呢？给他们食物的诱惑，却又让他们吃不到。"

"你真觉得很悲惨吗？我再带你到天堂看看。"

到了天堂，同样的情景，同样的满桌佳肴，每个人同样用一双长十几尺的长筷子。不同的是，围着餐桌吃饭的是一群兴高采烈，长得白白胖胖的可爱的人。他们同样用筷子夹菜，不同的是，他们喂对面的人吃菜。而对方也喂他吃。因此每个人都吃得很愉快。

资料来源：若木．天堂与地狱的小故事及大道理（EB/OL）．（2016 – 09 – 14）[2017 – 06 – 10]．http://www.xuexila.com/success/article/54056.html.

相同的处境，为什么有些人可以把它变成天堂，而另一些人却经营成了地狱呢？其实，天堂和地狱并不遥远：团结协作就是天堂，钩心斗角就是地狱。从这个古老的寓言中，我们可以明显看出，生存就是共存，助人就是助己。社会分工越细，每个人对他人的依存度就越高，不懂得如何与人合作，就相当于把自己置身于地狱之中。

经验和事实告诉我们，只有通过团队的团结，才能赢得最后的胜利。组建团队后，必须对它进行科学有效的管理，使它成为一个真正有战斗力的整体和组织单位，从而帮助组织实现创业目标。如果创业团队里的每个人都只顾自己的利益，那么整个团队就没有任何发展前景可言。人人为我的前提是我为人人，只有相互扶持，互相帮助，才能共赢。

一、团队成员的招募

人是企业的第一要素。要将创业团队高效地运作起来，就要做到招好人、管好人、用好人、留好人，确保每一位团队成员都发挥自己的作用。很多企业在决定购买设备的时候权衡再三、非常谨慎，而在招聘员工的时候很快就拍板，而且最终的拍板几乎都是面试官靠感觉而决定的。不管多么昂贵的设备都是靠人来操作的，招聘对于企业的发展来讲是关键问题。招聘是一件严肃的事情，每一次招聘都应该遵循一定的程序和步骤。

在招聘之前首先要弄清楚招聘什么岗位，研究岗位说明书，熟知每个岗位的员工需要什么样的资质，确定需要招聘的人数等一系列问题，然后根据招聘的岗位以及人数做好预算和其他需要的一些准备工作。

（一）明确岗位职责

我们在招聘员工之前，就要把相应岗位的工作职责制成岗位说明书。岗位说明书，是关于企业期望员工做什么、规定员工应该做什么、怎么做和在特定的情况下应该履行的职责总汇。岗位工作说明书一般是根据公司的具体情况而制定的，编制时要注重文字简洁明了、浅显易懂，内容越具体越好，避免书面化、形式化。在实际工作过程中，随着公司规模的不断扩大,在制定岗位说明书之后,还要根据具体的情况给予一定程度的修正和补充,以便与公司的实际发展状况保持同步。另外,岗位说明书的基本格式,也要因不同的情况而有所不同。

岗位说明书规定了岗位职责,这样做的好处有:

① 员工可以非常清楚地知道企业的岗位需要他们完成什么工作;

② 作为企业管理者,可以根据企业岗位职责考核员工的工作绩效。

资料卡

岗位说明书的内容

岗位基本资料:包括岗位名称、岗位工作编号、汇报关系、直属主管、所属部门、工资等级、工资标准、所辖人数、工作性质、工作地点、岗位分析日期、岗位分析人等。

岗位分析日期:目的是避免使用过期的岗位说明书。

岗位工作概述:简要说明岗位工作的内容,并逐项说明岗位工作活动的内容,以及各活动内容所占时间百分比,活动内容的权限,执行的依据等。

岗位工作责任:包括直接责任与领导责任,要逐项列出任职者工作职责。

岗位工作资格:从事该项岗位工作所必须具备的基本资格条件,主要有学历、个性特点、体力要求及其他方面的要求,包括必备资格和理想资格。其中必备资格是完成某岗位工作要求的最低资格,理想资格是在具备必备资格的基础上,若具备某些条件则更为理想。

岗位发展方向:在部分企业的岗位说明书中还会加上岗位发展方向的内容,希望通过岗位发展方向不仅明确企业内部不同岗位间的相互关系,而且还有利于员工明确发展目标,将自己的职业生涯规划与企业发展结合在一起。

岗位说明书一般由人力资源部门统一归档整理,内容可依据岗位分析的目标加以调整。岗位说明书的编写,不是一劳永逸的工作,而是要根据实际情况加以调整。一般由岗位所在部门的负责人,向人力资源部门提出申请,并填写标准的岗位说明书修改表,由人力资源部门进行信息收集,并对岗位说明书做出相应的修改。岗位说明书可用文字表述,也可用表格显示,关键是在使用了统一格式的岗位说明书后,应该用准确、简洁的语言加以表述,以便形成准确、规范、使用方便的管理文件。

(二)招聘合适的员工

千里马常有,伯乐更要常有。好的人才是企业最宝贵的资源,创业者要做一个能识别千里马的伯乐。在知识经济时代里,人力资源已经成为企业经济发展中的第一资源,竞争更直接地表现为人才的竞争。很多企业的 CEO 都说:"我的职责就是找人和找钱。"为公司找到最好的或者说是最适合的人,是最重要的事情。那么,如何聘到好的员工就成了创业者要重点考虑的事情。Facebook 创办人马克·艾略特·扎克伯格(Mark Elliot Zuckerberg)在招聘时有一个很独特的方式,每当他在考虑是否用一个人的时候就会考虑两点:第一,我是否愿意花费很多时间和他在一起;第二,如果角色互换,我是否愿意向他汇报,他是否能做一个好的上司。创业者越来越重视招聘工作,如何在众多的应试者中挑选出与企业价值观一致且能为企业创造价值的员工,是众多企业不断在探索解决的重要问题。

1. 招聘要考虑的问题

当企业需要招聘员工时,需要思考以下问题。

① 需要招聘员工的具体岗位。

② 需要招聘员工的大概人数。

③ 需要招聘员工具备的相应技能。

④ 需要支付招聘员工的薪酬。

2. 招聘的途径与方法

企业可以根据岗位职责来聘用员工,了解了招聘应注意的问题之后,还要考虑用什么方法进行招聘。根据外部来源的不同,下面就初创企业常见的招聘方式一一进行介绍。

(1) 网络招聘

过去经常利用杂志、报纸、电台、电视等媒体发布招聘信息,但现在大多数是借助网络媒体发布招聘广告。这种方式发布招聘信息成本较低,还可以招聘专业技术人员、非技术工人、管理干部等几乎所有职位。利用网上资源和信息通道开展招聘工作,接受求职申请成为目前最为方便的招聘方式。这种方式的优点是:招聘信息传递简单快捷,传播范围可以跨越地区,甚至国界,同时接收求职简历的速度快,筛选简历的成本低、效率高。

此外,还可以合理运用企业的网站发布招聘信息。企业网站描绘了企业的使命、目标、愿景、价值观与产品,不可忽视的是,企业的网站同时也会吸引那些浏览过网站、对空缺岗位感兴趣且与企业文化适合的候选人投递简历。因此,有网站的企业可以专门建立一个招聘页面,清晰地描述企业的空缺职位、岗位职责、任职资格等,一般情况下,这会吸引很多合适的候选人投递简历。

(2) 校园招聘

校园招聘是指招聘单位直接从大专院校的毕业生中招收所需人才。目前,越来越多的公司倾向于定期在国内的各大院校直接招聘所需的人员。这样做的一个原因是,他们认为,这些大学生已经具备了充分的理论知识,朝气蓬勃,敢于面对挑战。同那些具有工作经验的人相比,他们在工作时,能够大胆创新,不会受到过去工作经验的束缚。招聘单位可以与大专院校建立关系,定期去学校"摆摊设点",张贴公司招聘信息和企业介绍资料,现场接收学生的求职简历,与学生进行初步的交流。在简历筛选和初步接触后,举行笔试、面试等测试活动。校园招聘工作是对工作经验、职位要求不高的招聘。校园招聘有许多优势:招聘成本较低,求职者专业多样化,候选人选择余地大,能满足招聘单位多方面人才的需求。

(3) 利用中介机构招聘

中介机构一方面为企业选择合适的人,另一方面帮助求职者找工作。通常,中介机构能够掌握大量的关于招聘单位和求职者的信息。基于信息优势,中介机构经常会举办各种形式的人才交流会,包括专业人才交流会和综合人才交流会两种形式。但是这种形式的招聘更多地局限于中低层次员工的招聘。

(4) 熟人推荐

对于特别重要的工作岗位,或对一个地区的情况不太熟悉时,往往希望能够通过熟人来推荐。但是,要查清所推荐的员工没有过往的不良记录,以免导致新聘用的员工资质太差或产生其他不利于企业的影响。可以与候选人以前的上司或同事进行电话沟通,充分了解候选人的情况,以确认候选人的资质是否胜任空缺职位,并确认候选人在简历上及面试过程中所描述的工作业绩是否属实。运用这一方法,可以确保准备聘用的候选人能在入职后有效地履行职责。

（5）从内部挖掘人才

在出现岗位空缺的时候,首先从内部挖掘人才,给有实力的候选人以面试的机会,员工可据此了解组织的需求与目标。为内部员工提供晋升的机会,可以对现有员工的士气起到非常积极的推动作用,并增强他们的自信心,让他们充分认识到自己的才能,这本身就是认可员工的最好方式。

（6）建立储备人才库

企业可以与高等院校的就业指导中心、专业人才服务机构建立良好的关系,并鼓励内部员工积极参与行业内的专业组织与活动,经常浏览人才网站,将一些合适的人才简历收入企业的人才库中,同时注意在一些专业的网站与刊物上发布招聘广告。

企业人员的招聘工作,需要建立一定的规则。组织人员招聘工作,要依据企业的人力资源规划进行。招聘人员是一种市场行为,公开双向选择,供需双方平等互利、自由选择。在招聘人员中,力争将合适的人员放在合适的岗位上,做到人尽其才,量才使用,事得其人。招聘工作应遵循平等竞争原则,对所有应聘者都应一视同仁。在保证招聘质量的前提下,尽量降低招聘成本,体现效率优先的招聘原则。

二、团队成员的管理

没有一个人的能力是全面的,一个团队就像一支足球队,门将、前锋、中场、后卫,每个位置的要求各不相同。一个成功的创业团队是完善的,具有强大的战斗力。不同的管理制度会产生不同的团队风气。所以,一个单位经营不好,大多是因为管理不善,没有做到公正、公平、公开,没有严格的奖勤罚懒制度。因此,对于团队成员的管理,是值得每个创业者深思的问题。

（一）团队领导者的自我管理

无论怎样,任何组织形式都需要以领导为核心。如果把企业比作一个生命体,那么领导者就是这个生命体的大脑,不仅是决策,更重要的作用是协调各个组织相互配合,完成任务。在创业团队中,领导者带领团队取得高效的业绩,首先是要管理好自己。作为企业的领导者,就是要响应召唤,担当责任,把机构、团队或组织带到一个更高的境界、更美的地方。领导者有了实力,才可能有影响力;有了思想,才可能有深度和广度;学会做人,才会拥有非凡的人格魅力。要做好的领导者,靠的不是"嘴皮子",也不是一纸任命,而是自己的人格魅力,靠的是自己在团队成员心目中的影响力。我们所熟知的企业基本如此,华为的任正非强悍、低调,具有危机意识和准军事化的风格;阿里巴巴的马云富有激情,敢于创新、标新立异,具有不轻言放弃的处事风格。要领导好一个团队,必须坚持不懈地努力使自己不断成长,这样团队才有竞争力、凝聚力。

资料卡

创业团队领导者自我管理的 6 个方法

用正直赢得信任

作为管理者,首先你要正直,以坦诚精神、透明度和声望建立别人对自己的信任感。如果为了维护自己的权威使用一些不入流的手段,同时又喜欢对人和信息保持控制的感觉,那么就会保守秘密,不透露自己对员工及其业绩的想法,把自己关于公司未来发展的想法隐藏起来。这种举止当然可以让领导建立起自己的地盘,但是,他却把信任排斥在了团队之外。作为领导者,必须战胜自己的本能,不要试图掩盖或粉饰那些糟糕的信息。当领导表现出真诚、坦率,言出必行的时候,信任就出现了。事情就是这样简单。

懂得工作的乐趣

快乐的员工会提供相对高质量的服务。让团队成员体会到工作的乐趣,不要施加工作之外的压力,否则会让员工疲于应对不相干的事情。

让员工拥有梦想

员工往往会有个人的愿景,有时他们会跟公司的愿景相冲突。否定或排斥他们是错误的,应该去引导,为员工制订发展计划,尽量将两个愿景合二为一,引导到公司的发展轨道上。即使做不到,也会为公司或个人建立一项资源,因为不管是现在还是未来,在职的还是离职的员工和我们的客户一样,都是我们的资源。

学会分享成绩

担任领导并不意味着给你授予了王冠,而是给你赋予了一项职责——使其他人身上最好的潜质发挥出来。为了实现这个目标,就必须让员工信赖你,共同分享工作的成绩。独乐乐与众乐乐,孰乐?要获得员工的信赖,领导应该赏罚分明、以身作则。绝不能霸占自己手下的成绩,把别人的好主意窃为己有,而是应该有足够的自信和理智,不需要媚上欺下,因为团队的成功就是对自己的认可。

善于倾听并敢于认错

俗话说,人无完人,领导者也不是圣人,犯错误也不足为奇,千万不要为了维护权威而去掩盖错误,那会让你更愚蠢。

正视负面的意见和建议

我们每个人都喜欢正面的意见,对待负面的意见往往会有敌对的心理。但作为领导者,应该善于倾听并正视负面的意见,并给予必要的澄清和解释,有些就会成为正面的意见和建议。

资料来源:戴冠宏.打造超强创业团队[M].北京:中国铁道出版社,2016.

(二)团队内部的制度管理

俗话说,没有规矩不成方圆。做任何事都要有一定的规则,否则无法成功。做人处事要讲规矩,打造团队要遵循规章制度。谈到团队管理的时候,规矩更多指的是制度和规则。制度和规则越公平合理,团队的发展就会越良性和健康;制度和规则越科学进步,团队的氛围就会越积极活跃;制度和规则出台越超前,团队就会越具有竞争力。团队组建之后,有了团队成员,就需要有制度和规则加以约束和管理。叶圣陶先生曾说:"好习惯养成了,一辈子受用;坏习惯养成了,一辈子吃亏,想改也不容易了。"同样,一个好的制度能让创业团队健康成长。我们一定要强调制度的重要性,因为创业团队未来成功所依靠的就是团队组建时期所立下的规章制度,也就是团队成员在"婴儿期""幼儿期"规矩的习得。

资料卡

团队管理办法

第一,目的和范围。

为加强团队凝聚力,增强各成员间的合作意识,充分发挥各成员的专长来协助问题解决,增进成员组织认同,提升组织效率与效能,特制定本办法。

第二,术语定义。

团队管理指在一个组织中,依成员的工作性质和能力组成各种小组,参与组织的各项决定和解决问题等事务,以提高组织的生产力和达成组织目标。

第三,团队管理包含的内容。

团队的凝聚力。团队的凝聚力是针对团队和成员之间的关系而言的。团队精神表现为团队成员强烈的归属感和一体性,每个团队成员都能感受到自己是团队中的一分子,把个人工作和团队目标联系在一起,对团队忠诚,对团队的成功感到自豪,对团队的困境感到忧虑。所以,国有企事业单位在改革发展过程中,要不断增强员工和团队的凝聚力。

① 要求团队的领导采取民主的方式,让团队的成员敢于表达自己的意见,积极参与组织的决策。

② 建立良好的信息沟通渠道,让员工有地方、有时间和有机会向领导反映问题、互通信息并化解矛盾。

③ 建立健全奖励及激励机制。个人奖励和集体奖励具有不同的作用,集体奖励可以增强团队的凝聚力,会使成员意识到个人的利益和荣誉与所在团队不可分割。

资料来源:杨小丽. 大众创业当老板创业思路与团队组建[M]. 北京:中国铁道出版社,2016.

制度是团队管理的"宪法",是约束和衡量团队成员行为及工作成效的法则、准绳与标尺。我们不仅要制定出严密完善的制度,还要保证制度实施的质量。无论是奖励还是惩罚,都必须严格按照制度的相关规定执行。人情是制度的天敌,如果在执行制度过程中,带有个人的感情色彩,那么就会失去客观和公平,制度就自然而然流于形式。我们在制定团队制度时,要避免使团队管理制度流于形式,应讲究技巧和抓住要点,将基础制度的制定作为重点。

总之,创业企业在创业初期需要一个合适的初始制度,并在成长中做出合理的制度安排,只有这样,才能使创业团队完成组织的任务目标。

项目实践

项目实践一　模拟团队组建

　　每组分配15张团队组建模拟人才信息卡,并用15张人才信息卡为集团组建3个不同类型(科技型公司、贸易型公司、服务型公司)的子公司,每个公司需要安排CEO、财务总监、技术总监、营销总监和行政总监5个职务的团队人员。每张人才信息卡不能重复使用,将组建结果分别填写入3张空白的公司组建卡。游戏可进行若干轮,每轮各个小组根据游戏规则组建公司,每轮各个小组PK一次。

项目实践二　模拟招聘员工

　　分小组实施任务,由团队成员推选组长,组长对具体任务进行分工。拟写招聘简章,现场模拟招聘面试,综合评议,确定录用情况。

项目四
筹措创业资金

项目目标

1. 区分启动资金类型,估算启动资金需求。
2. 谨防虚假融资陷阱,掌握筹融资金途径。

导学
案例

中国"赤脚首富"刘永好四兄弟——凑来千元资本创造百亿财富

1984 年 4 月某一天,四川省新津县育新良种场来了个客户。客户是资阳市一个养殖专业户。这是个看起来有些来头的男子,一口气订了 10 万只小鸡。对于这个才成立一年多的小场来说,这无疑是个天大的喜讯。

经营良种场的是 4 个姓刘的同胞兄弟:毕业于成都电讯工程学院、供职于成都906 厂计算机所的大哥刘永言;有大学专科文凭、在县教育局供职的二哥刘永行;毕业于四川农学院、在县农业局当干部的老三刘永美(现名陈育新,幼时送陈姓农民抚养);在省机械工业管理干部学校当老师的老四刘永好。一年多前,四兄弟在老家古家村,开了个特别的家庭会议,主题是:"脱公服"当专业户! 在当时,"吃皇粮"对大多数人来说是梦寐以求的事情。然而这四兄弟却做了一件让人大跌眼镜的事——先后辞职,变卖手表、自行车和家中废铁,凑足 1 000 元资本,当起了个体户。他们认为,搞养殖业不需要很多投资,技术含量低,自己也熟悉,于是开办了育新良种场。良种场的主营业务是孵小鸡、养鹌鹑和培育蔬菜种子。

在办良种场时,刘永好负责采购饲料,开始了对饲料经营的观察、调查与思考。他得出结论:谁家的饭桌上都离不开猪肉,而中国传统的养猪方法太落后了,农民喂猪用青草、大麦和红薯,每头猪一般要一年才能出栏。养猪业要有飞跃,必须以发展饲料为突破口。

面对这种情况,四兄弟很快做出决策:自行研制新饲料。他们建起一个有 100 多头猪的试验场,邀请省内外著名的专家学者共同论证饲料配方,积累研究成果。1989年,"希望"自行开发生产的"希望牌"1 号乳猪全价颗粒饲料面世,质量可与泰国"正大"饲料相媲美,每吨价格却比泰国饲料低 60 元,一下子就打破了洋饲料垄断市场的局面。自此,"希望"饲料一举成名。其家族企业希望集团由此声名鹊起,规模迅速发展壮大。

兄弟四人1982年创业时,净资产才1 000元,到2001年,福布斯对他们财富的估价是83亿元。刘永好任总裁的新希望集团拥有遍布全国的各类企业76家,员工近万人,涉足饲料、食品、金融投资、房地产开发、电子信息等领域,控股上市公司四川新希望农业股份有限公司,同时是上市的中国民生银行的第一大股东,中国民生保险的主要发起股东。如今,新希望集团是中国农业产业化国家级重点龙头企业,中国最大的饲料生产企业,中国最大的农牧企业之一,拥有中国最大的农牧产业集群,是中国农牧业企业的领军者。

资料来源:刘上洋. 中外创业传奇100例[M]. 南昌:百花洲文艺出版社 ,2012.

资金的问题是每个企业都关注的大问题。你认为创办一个企业需要多少资金呢?企业的启动资金从何而来?如何筹措创业资金?如何进行资本运作?在筹措资金的过程中,可能会遇到哪些问题?……所有这些和资金有关的事情都是每个创业者高度重视的,它与企业的长远发展有着紧密的联系。

📖 知识讲坛

任务一　预测启动资金

🖋 阿里巴巴能够走到今天,有一个重要因素就是我们没有钱,很多人失败就是因为太有钱了。以前我们没钱时,每花一分钱我们都认真考虑;现在我们有钱了,还是像没钱时一样花钱。

——马云

　　根据富国银行与盖洛普小型企业指数(Wells Fargo/Gallup Small Business Index)显示,一般小型企业的启动资金为1万美元,而且其中大部分来自创业者的个人积蓄。很多人都觉得这个数字低得让人难以置信,我们在使用有限资金进行创业时或多或少隐藏着一个难题,即多数人在创办小型企业需要花费多少资金,以及如何节省启动开支方面,既没有经验也没有主意。"要让企业创办起来需要多少资金呢?"这个问题没有一个具体的答案。要创办一个企业,首先要确定创办企业所需要的启动资金。

　　启动资金是指开办企业必须购买的物资和必要的其他开支。正确预算启动资金需求是开办企业之前必须考虑的问题,创业所需的资金,既不能过少也不能过多,应该处于一个适度的规模。对于刚刚起步的创业者而言,其面临的一项重要且艰难的任务就是计算创办企业需要多少资金,什么时候需要。

一、启动资金的类型

　　启动资金用来支付场地(土地和建筑)、办公家具设备、原材料和商品库存、营业执照和许可证、开业前广告和促销、工资,以及水电费和电话费等费用。

　　可以把启动资金分为三大类。

　　① 固定资产投资:是指创业者为企业购买的固定资产,一般是指价值较高、使用寿命长的物品,如房屋、机械、机器、建筑物、运输工具及其他与生产、经营有关的设备、工具、器具等。另外,使用年限超过2年的,单位价值在2 000元以上的物品,也应当视为固定资产,如咖啡机、搅拌机、冰柜、刨冰机、封口机等。有的企业用很少资金就能开办,而有的却需要大量的资金才能启动。明智的做法是把投资降到最低限度,除了必不可少的东西非买不可外,尽量少"投资"以降低经营风险。固定资产也可以折旧,即分期打入成本逐渐回收。

　　② 流动资金投入:流动资金也称为营运资本,是企业从事正常的生产经营活动所需要的周转资金。流动资金的投入是企业资金投入中最具活力和最有弹性的部分。广义的流动资金是指企业全部的流动资产,包括购买并储存原材料和成品、促销、工资、租金、保险、设计费、电费、办公用品费、交通费等。流动资金占用了企业资金的绝大部分,是投放在流动资产上的资金,因此对于企业来说,流动资金的投入显得尤为重要。流动资金最大的特点在于随时可能发生变化,企业在最初收入获得之前,必须有可以支付各种费用的资金。

　　③ 开办费:是指企业在筹建期间发生的费用,多指开办企业所要支出的一次性费用,包括筹建期人员工资、装修费、办证费、办公费、培训费、技术(专利)转让费、加盟费、印刷费、差旅费、注册登记费,以及不计入固定资产和无形资产购建成本的汇兑损益和利息支出。按照新会计准则的规定,开办费直接计入管理费用,当月转入损益;按照税法的规定,5年摊销,开办费计入管理费用,年终要按税法规定做纳税调整。

二、测算启动资金

启动资金是创业项目启动的前提条件。对于启动资金的多少,创业者要有一个初步的估算。如果这个估算不准确,创业者甚至无法完成一份创业计划书。因此,在创业启动之前,需要对启动资金进行一次准确的预测,只有获得一些客观真实的数据,找到可靠的信息,才能为今后的发展提供坚实的基础。

(一)固定资产投入测算

开办企业的投资,即购置的固定资产,一般以折旧方法回收,要 5 年甚至更长的时间。

投资一般可分为两类。

第一大类:企业用地和建筑。

第二大类:设备。

1. 企业用地和建筑

创办企业都需要有适当的场所,可以是用来开工厂的整个建筑,也可以是一个小工作间,还可以是租一个铺面。如果可以在家创业,就能降低成本。

当清楚需要什么样的场所时,要做出以下选择。

* 造新的建筑。如果企业对建筑功能配置有特殊要求,最好自己造,那就需要大量的资金和时间。

* 买现成的建筑。如果能找到合适的建筑,买现成建筑简便快捷。但现成的建筑都需要改造才能适应企业的需要,也需要花大量的资金和时间。

* 租铺面。租比造和买所需的启动资金要少得多。当需要改变企业地点时,租铺面更加灵活和容易,但租也是要花钱进行装修才能使用。

* 在家。对于刚刚起步的创业者而言,在家创业可以节省很大一笔开支,不失为创业起步的好方法,待企业成功后再租或买也不晚。但是,在家工作,个人生活与工作难免互相干扰。

2. 设备

设备一般指创办企业所需要的办公家具、机器、工具、工作设施、车辆等。有些企业需要大量设备,因此了解和选择设备类型显得非常重要。对于制造商和一些服务行业,最大的投入往往是设备,弄清需要什么设备和选择正确的设备类型显得至关重要。即使是只需要少量设备的企业,也要慎重考虑确实需要哪些设备。

可以通过以下方法削减成本:

* 购买二手设备;

* 租赁设备;

* 与其他企业联合采购;

* 争取获得客户的先期支付;

* 缩减企业成员的开支;

- 尽量节约办公设备开支。

创业案例

孙莉决定在自己家里开办洗衣房,虽然省去了在外面买地租房的费用,但也需要投入不少资金。具体需要多少,要仔细算一算,如表4－1所示。

表4－1　开办洗衣房所需启动资金

项　目		费用/元
机器设备	全自动洗衣机	104 000
	全自动烘干机	79 000
工具设备	电熨斗	500
	烫衣板	200
	晾晒架	300
	4个工作台	400
	洗衣液	400
投资总额		184 800

根据表4－1,孙莉的启动资金至少要184 800元。

(二) 流动资金投入测算

流动资金的投入是必要的,必须科学预测在盈利之前企业能够维系多久。至少要准备3~6个月的流动资金。在尽量减少流动资金支出的同时,流动资金要计划得富余些,确保企业正常运营。

总的来说,需要流动资金支付以下开销:

- 租金;
- 工资;
- 保险;
- 购买原材料和商品存货;
- 促销;
- 其他费用。

1. 租金

计算流动资金里用于房租的金额。在正常情况下,企业一开始运转就要支付企业用地用房租金,租金一般都是3个月或6个月起付。租金会占用相当一部分的流动资金。

2. 工资

首先要确定创业初期所需的员工数量和他们的月工资金额。计算流动资金时,要计算用于发工资的钱和自己所需的费用开支——用每月工资总额乘以还没达到收支平衡的月数就可以计算出来。

3. 保险

首先要清楚地测算企业所需的各项保险费用支出。企业一开始运转,就必须投保并支付所有的保险费,这也需要流动资金。

4. 购买原材料和商品存货

不管你是制造商还是经销商,都需要购买原材料或商品存货用来生产和出售。预计的库存越多,需要用于采购的流动资金就越大。在创业初期,建议将库存降到最低限度,这样可以最大限度地减少流动资金的支出。如果企业允许赊账,资金回收的时间就更长,需要动用流动资金再次充实库存。

5. 促销

企业的任何阶段,都需要适度促销自己的商品或服务,而促销活动是需要流动资金的,要做好促销计划,并预算促销费用。

6. 其他费用

在企业起步阶段,还要支付一些其他费用,如交通费、差旅费、电费、办公用品费等。

创业案例

吴伟估计,至少要经营 3 个月后才能达到收支平衡,因此,准备这 3 个月企业运转的资金。这个阶段自己把工资计入成本但不领工资,前 3 个月生活费开支已事先留出,不计入企业成本。由于他一开始对很多业务都不十分熟悉,就做了一个保守的生产和销售量预测。在前 3 个月里计划分别制作和出售工艺品 200 件、400 件和 600 件。

他为前 3 个月计算出来的流动资金如表 4-2 所示。

表 4-2　前 3 个月所需流动资金

项　目	前 3 个月的成本/元
原材料和包装	17 400
吴伟的工资(每月 6 000 元)	0
保险费(全年)	2 400
市场营销和促销(每月 500 元)	1 500
维修费(每月 300 元)	900
电费、电话费(每月 200 元)	600
流动资金总额	22 800

合格的商业咨询顾问可以为创业者提供关于创业启动成本的咨询意见,他们不但会做调研,还可以将调研转化为有用的财务预测。如果创业者决定找一名咨询顾问,一定要找一个熟悉自己企业所在行业领域及在初创公司方面很有经验的人。但是,聘请一名优秀的咨询顾问,也是一笔不小的开支。

不管怎样,任何单一的渠道都无法告诉创业者,创立一家新的企业到底需要多少成本。

合理的估算结果会显示创业者的创业经营理念在财务上是否可行，一旦创业者测算出了公司的启动成本，并制订了健全的商业计划，就可以开始筹融创业资金了。

（三）开办费投入测算

虽然开办费的核算并不复杂，但国家对于开办费的规定比较少，每个新办企业的主管会计对于开办费的测算都会遇到一些问题。对开办期的起止时间目前存在不少误解，最常见的就是认为"筹建期是指从企业被批准筹建之日起至开业之日，即企业取得营业执照上标明的设立日期止"。企业筹建期的确定在我国受税法影响较大。企业筹建期是指企业被我国政府批准筹建之日起至开始生产、经营（包括试生产）之日止的期间。具体是指从企业设备开始运作，开始投料制造产品或卖出合同第一宗商品之日起，为企业筹建期结束。开办费用是指在上述期间发生的注册登记费、人员工资、办公费、培训费、印刷费、差旅费等。

一般来说，开办费主要包括以下几个方面的费用。

① 企业登记的费用：主要包括工商登记费、验资费、财政登记费、公证费等。

② 筹措资本的费用：主要是指筹资支付的手续费，以及不计入无形资产和固定资产的汇兑损益和利息等。

③ 筹建期人员开支的费用：主要包括劳务费用，具体是指筹办期间人员的工资奖金等工资性支出、福利性的费用及应该缴纳的社会保险；差旅费用，具体是指市内交通费和差旅费；董事会费和联合委员会费。

④ 人员培训费用：主要指聘请专家进行技术指导和培训的劳务费及相关费用；选派部分职工在筹建期间外出进修学习的费用。

⑤ 其他费用：筹建期间发生的办公费、文件印刷费、广告费、信息调查费、诉讼费、应酬费、通讯费，以及庆典礼品费等支出；企业资产的摊销、报废和毁损。

不属于开办费范围的支出主要包括：购建固定资产和无形资产时支付的相关人工费用；规定应由投资各方负担的费用；为培训职工而购建的固定资产、无形资产等支出的费用；投资方因投入资本自行筹措款项所支付的利息等。

任务二 筹融创业资金

我并不看重钱，我看重钱背后的东西。我们需要的不是风险投资，不是赌徒，而是策略投资者，他们应该对我们有长远的信心，20年、30年都不会卖的。两三年后就想套现获利的，那是投机者，我是不敢拿这种钱的。

——马云

创业，自始至终就是一个与资本共舞的过程。几乎所有的企业都会说自己缺钱，创业企业需要种子资金，资金是企业生存和发展的必需要素。"万事开头难"，在众多创业失败的案例中,资金不足往往是让创业者黯然落下"英雄泪"的主要原因。如果已经测算出所创办的企业需要多少启动资金,那么现在要考虑的问题就是从哪里可以筹措到这些启动资金。

一、谨防虚假融资陷阱

据相关部门的初步统计,北京有 1 000 多家迎合中国企业融资需求的外国投资公司代表处,它们被称为皮包公司,专门设局赚取具有融资需求企业的钱财。尤其是初创的一些小型企业特别希望获得启动资金以发展自身,但商场如战场,在硝烟弥漫的资本战场上,陷阱处处都在,企业要谨防虚假融资陷阱。

资料卡

山西有一个企业家,在郑州投资了一家汽车配件与现代汽车商业超市服务公司,需要融资 3 000 万元。他接触了 3 家在北京设有代表处的外国投资商,并向他们提交了装饰精美的《商业计划书》。这份《商业计划书》是公司总经理根据手下调查提纲起草的。需要注意的是,正因为它只是一个调查提纲,所以并不包括投资公司估价、风险评估与防范措施等内容,应该说是不完整的。但其中一家外国投资公司的首席代表拿到计划书只看了不到 5 分钟,就连连点头并煞有其事地说应该问题不大,并且马上要求企业预付 2 万元的"定金"。另外一家公司的代表,专门为了考察目标公司飞到郑州,可是在正式谈投资项目时却表现得很神秘,在看项目时也有些心不在焉,但当公司董事长提出到少林寺游玩时,他便立刻眉飞色舞,就像一个没有见过世面的农民。拥有如此素质员工的投资公司可以相信么?这个企业家前后在骗子公司上花费了近 5 万元的定金、差旅费和招待费,却什么也没有得到。

资料来源:宇琦,杨小清.创业前的 8 堂必修课[M].北京:朝华出版社,2010.

创业者要把眼睛擦亮,了解一些常见的骗局,以规避很多陷阱。

融资陷阱主要有以下几种形式。

(一)项目考察费

通常,在企业融资期间接待前来考察的人员,安排简单的食宿是无可厚非的。但是,如果投资者主动与企业联系,要来企业进行考察,并要求企业支付昂贵的考察费,而真正的出资方是不会要求企业支付考察费的,那么这种投资者十有八九都是骗子。

(二)项目受理费

一般来说,融资服务机构或投资者在融资实施阶段要求对企业资产或项目进行评估是合理的。融资服务机构如果对企业提供的资料没有进行实质性的审核,或对不具备融资条件的项目做出初评认可结论,那么这样的机构往往就是以骗取项目受理费为目的的中介公司了。还有的融资机构在项目审核阶段就提出交评估费的要求,尤其是一些号称有外资背景的金融服务机构,在收到企业相关资料后就要求企业交纳项目评估费,但到了项目实质性的评估阶段时则以各种理由拒绝融资企业,这就有诈骗的嫌疑了。

（三）项目保证金

项目保证金的骗取是企业融资中出现频率最高的骗局。据相关数据显示,曾经有近3成的企业被骗取保证金。如果出资方要求企业按照他们设定的程序操作,并制定严格的违约条款,就要非常谨慎,以免陷入保证金的骗局。

事先做足功课,谨防虚假融资陷阱,防患于未然是不会错的。企业可以在融资前注意以下几个方面。

① 非正规渠道的广告是不可信的。有实力的投资机构一般是不会在非正规渠道刊登广告的,如果在广告中宣称"有资金,想寻找投资项目",不要轻信,说得好听的广告十有八九是融资陷阱。

② 要对投资机构的实力进行调查确认。最简单的方法,就是对投资机构已经成功的案例进行研究,对其实力进行确认。关注细节有助于很好地规避陷阱,例如,正规的投资机构会要求融资企业自行提供创业计划书,不会指定专门的机构为其撰写。还有,如果投资机构真的很想投资该项目,通常会共同委托评估公司,而且用于该项目的评估费由投资机构独立承担或共担。

③ 注重公文来往。不管是投资机构主动找到企业,还是通过熟人介绍企业认识了投资机构,所有的业务往来都要公事公办,并且留下具有法律效应的有效凭据。企业在得到来往公函后,可以通过判断其内容是否专业、行文是否规范来决定给予对方信任度的高低。

④ 聘请律师。在未了解清楚对方的背景前,要详细询问其投资方向、投资策略、投资项目审查和决策的程序,再确定合作意向,不要轻易提交自己的商业计划书。如果想把风险降到最低,中小企业可以请专业的律师或专业的融资服务机构全程跟踪服务。

古人云:"君子爱财,取之有道。"资本的本性是逐利,不是救急,更不是慈善。作为企业的创始人,不应在缺钱时才考虑融资策略,平时就要与资金方建立广泛联系。我们将"道"理解为途径,事实上,创业者可以通过多种途径进行启动资金的融通。

资料卡

融资五阶段

现任美国皇之杰投资集团CEO,美国国际教育基金会CEO,香港国际教育中心董事长、中国企业文化研究中心CEO夏保罗认为,融资可以分为以下5个阶段。

第一阶段,拥有自有资金。你认为项目好,但如果自己都不肯掏钱,别人怎么肯相信你,这是第一点。第二点,你要先有成功的迹象,人家是跟你共赢,不是跟你共输,所以你要先拥有一张不错的成绩单。

第二阶段,找战略合作伙伴。这时候你找风险投资碰壁,你找银行碰壁,因为你还没有成"气候",还没有成功的迹象,还没有拿成绩单出来。没有成绩单就是高风险。所以第二阶段应找战略合作伙伴,要与伙伴打造一个共赢的团队。

第三阶段,找风险投资者。风险投资者注重风险的高低,风险高,他为什么要投资呢?

这个时候你就要讲一个故事,一个吸引风险投资的故事,一个能让人家兴奋、激动的故事,所以这个时候就要看创业计划书了。做不到这一点就不可能有风险投资。

第四阶段,去商业银行,商业银行最保守。

第五阶段,到货币市场去,自己发行债券筹资。

在 5 个不同的阶段找不同的融资者,次序不能搞错。

资料来源:李野新,周俊宏. 创业必修的 10 堂课[M]. 杭州:浙江人民出版社,2010.

二、筹措创业资金

小型企业筹措创业资金的途径主要有以下几种。

(一)个人资金

从资金成本和企业经营控制的稳定性角度来说,个人的储蓄是创业资金来源的最便捷,也是最低廉的方式。美国《企业》杂志通过对 500 个发展最快的创业企业的调查分析,得到的结果是 79% 的创业资金利用的是个人储蓄。

个人储蓄是最稳妥的创业资金来源。这种方式需要协调的问题最少,创业者在创业获得成功后也不会引起纠纷,但是创业者也要充分考虑其中的风险,投资的额度不要超过自己的心理承受能力。

另外,如果创业者试图从外界获得资金扶持,尤其是银行,就必须有个人资本作为抵押物。曾有一位风险投资家直言不讳地说:"我要创业者在企业有足够的注资,只有这样,当企业陷入困境时,他们才会设法去解决问题,而不是将公司的大门钥匙交到我的手里。"外界资金的扶持者普遍认为,创业者没有资金投入的原因可能是自己对未来创业是否能够成功没有足够的信心。如果创业者本身将自己的全部可用资产都投入到启动资金上来,外界则会认为创业者会为了创业的成功付出全部的努力。

(二)亲朋好友的借款

新创办企业早期所需的资金具有高度的不确定性。在这个阶段,除了创业者本人以外,亲朋好友的借款也是创业获得启动资金的来源。创业者通过这一渠道能迅速筹得所必需的投入资本,这一融资形式更多地是以个人感情与亲情为基础,亲朋好友会直接为新创企业提供少量的权益资金或借款,部分满足创业者的资金需求,或者以担保的方式来帮助创业者获取外界的资金。

许多成功的创业者在创业初期都借用过家人、亲戚或朋友的资金。虽然从亲朋好友那里获取资金扶持比较容易,但如果他们以权益资金的方式注入,就会获得相应的权益和特权,从而会经常干涉企业经营状况和企业的发展,很容易干扰企业的正常经营与管理,同时还会影响企业内部人员工作的积极性。因此,创业者在向亲朋好友融资时,应当全面考虑正面和负面的影响,任何借款都要明确规定利率及本息的偿还计划,对权益投资者的红利要按时发放。所有融资的细节都需达成协议,如资金的用途、数额和期限,投资者的权利及责任、企业破产的处理方式等,并形成相关条款,尤其是在股权的安排上要为后续资金的融通做好准备。

（三）银行贷款

银行贷款是小型企业最常使用的筹资方式，但银行的钱不好拿，中小企业贷款并不是件容易的事情。银行业内人士坦诚地表示："10 个人申请，能有一个人成功就算是很不错的了。"由于银行审批方面控制比较严，创业贷款的市场很大，申请的人很多，因此没有成功申请到助业贷款的占大多数，拿到贷款的人比较少。

曾有一家小型塑料厂的创业者先后 5 次带着房产证去做抵押，期望向银行借 150 万元贷款，但银行以公司未来发展存在不确定性，评级过低，给出了"押后办理"的评价。总的来说，就算你有资产抵押，如果银行对企业的评级低于 B 级，一般都不会考虑。信用评定 AA 级以上且担保抵押落实的中小企业在向银行申请贷款的时候相对容易一些。

银行方面表示，目前我国信用系统没有建立健全，也无法真正了解贷款人的贷款用途，对贷款人没有充分的把握一般是不贷的，对贷款的发放持谨慎态度。由此可见，创业者，尤其是初次创业者，想顺利获得银行贷款，除了提供必要的抵押品或担保之外，还应竭力做好创业规划书，展示公司蓝图，以期产生积极的效果，为企业融资及发展做好充分的准备。

资料卡

我国法律规定，企业申请贷款的基本条件如下。

① 企业须经国家工商管理部门批准设立，登记注册，持有营业执照。

② 实行独立经济核算，企业自主经营、自负盈亏。

③ 有一定数量的自有资金。

④ 遵守政策法规和银行信贷、结算管理制度。

⑤ 按规定在银行开立基本账户和一般存款账户。

⑥ 产品有市场。企业所生产经营的产品必须是市场需要的、适销对路的短线产品，不能是长线产品，以加快资金的周转。

⑦ 生产经营有效益。

⑧ 不挤占挪用信贷资金。

⑨ 恪守信用。

除了以上基本条件外，还有以下一些附加条件。

① 有按期还本付息的能力。

② 原应付贷款利息和到期贷款已清偿，没有清偿的已经做了贷款人认可的偿还计划。

③ 已开立基本账户或一般存款账户。

④ 除国务院规定外，有限责任公司和股份有限责任公司对外股本权益性投资累计额未超过其净资产总额的 50%。

⑤ 借款人的资产负债率符合贷款的要求。

⑥ 申请中期、长期贷款的新建项目的企业法人所有者权益与项目所需总投资的比例不低于国家规定的投资项目的资本金比例。

资料来源：宇琦，杨小清．创业前的 8 堂必修课[M]．北京：朝华出版社，2010.

按照金融监督部门的相关规定,银行发放商业贷款时,可以在一定范围内上浮或下浮贷款利率。创业者去银行贷款时,要货比三家,从中选择一家成本低的银行办理抵、质押或担保贷款。企业要按时偿还银行的贷款及利息,努力建立还贷信誉,为以后更大规模的借贷做好准备。在创业过程中,可以向贷款银行提出变更贷款方式和年限的申请,降低贷款人的利息负担,以提高资金使用效率。创业贷款的期限一般为 1 年,最长不超过 3 年,创业贷款的利率不得向上浮动。有的地区对困难职工进行家政服务、卫生保健、养老服务等微利创业还实行政府全额贴息,许多地区推出了下岗失业人员创业贷款可以享受 60% 的政府贴息。

创业者希望通过银行贷款的途径获得启动资金,就应全面了解当今创业贷款的现状。近年来,随着国家对自主创业的重视与支持,各大商业银行都陆续推出了创业贷款计划,以及个人短期小额创业的融资业务。凡是具有一定生产经营能力或已经从事生产经营活动的创业者,都可以向开办此项业务的银行申请专项创业贷款。这对处于创业初期的经营者来说,可以起到雪中送炭的作用,但在我国绝大部分地区,这种专项创业贷款的额度都比较小,一般不超过 3 万元。如果条件允许,创业者可以考虑商业贷款,这样得到的额度基本可以解决创业初期的启动资金需求。如果创业者能够拿出抵押物或能够获得担保的情况下,银行还是很乐意将钱借给企业的。比较适合创业者贷款的形式主要有抵押贷款和担保贷款两种。

资料卡

常用的银行贷款方式

① 抵押贷款。抵押贷款是指借款人以其所拥有的财产作抵押,作为获得银行贷款的担保。在抵押期间,借款人可以继续使用其用于抵押的财产。当借款人不按合同约定按时还款时,贷款人有权依照有关法规将该财产折价或拍卖、变卖后,用所得钱款优先得到偿还。适合于创业者的有不动产抵押贷款、动产抵押贷款、无形资产抵押贷款等。

② 担保贷款。担保贷款是指借款方向银行提供符合法定条件的第三方保证人作为还款保证,借款方不能履约还款时,银行有权按约定要求保证人履行或承担清偿贷款连带责任的借款方式。

③ 买方贷款。如果新创企业产品销路很好,而企业自身资金不足,那么,创业者可以要求银行按照销售合同,对产品的购买方提供贷款支持。而创业者可以向其产品的购买方收取一定比例的预付款,以解决生产过程中的资金困难,或者由买方签发银行承兑汇票,卖方持汇票到银行贴现。

④ 项目开发贷款。如果新创企业拥有重大价值的科技成果转化项目,初始投入资金数额比较大,企业自有资本难以承受,则创业者可以向银行申请项目开发贷款,银行还可以视情况为企业提供一部分流动资金贷款。此类贷款比较适合高科技创业企业。

⑤ 出口创汇贷款。对于出口导向型企业,如果在开始就拥有订单,那么,创业者可以要求银行根据产品出口合同或进口方提供的信用签证,为企业提供打包贷款。对有现汇账户的企业,银行还可以提供外汇抵押贷款;对有外汇收入来源的企业,可以凭结汇凭证取得人

民币贷款。

⑥ 票据贴现贷款。票据贴现贷款是指票据持有人将商业票据转让给银行,取得扣除贴现利息后的资金。在我国,商业票据主要是指银行承兑汇票和商业承兑汇票。

资料来源:迟英庆,陈文华,张明林. 创业理论与实务[M]. 南昌:江西人民出版社,2004.

目前,国家对中小企业贷款越来越重视,虽然信贷要求不断提高,但支持力度也在相应加大。银行贷款是中小企业长期资本的主要来源,中小企业需要风险小、成本低的资金,银行贷款是非常合适的。银行贷款与其他商业性融资形式相比,其手续较为简单,融资速度快、成本低,借款率也低于债券融资的利率。而且,银行贷款利息可以进入成本,取得所得税前抵减效应,从而相对减轻企业税负。创业者可以先评估各家银行的经营记录和放贷程序,从中选择提供最优惠借款条件的银行进行贷款。合理利用银行贷款,建立良好的银企关系,是中小企业解决资金困难、取得经营成功的重要手段。

(四)风险投资

风险投资在我国是一个约定俗成的概念,我们也可以称其创业投资。风险投资的投资目的最为单纯,是比较受欢迎的筹资对象。其机制与银行贷款完全不同,银行贷款注重安全性,而风险投资放眼未来的收益和高成长性,追逐高风险后隐藏的高收益。风险投资决策建立在高度专业化和程序化的基础之上,投资对象一般为处于创业期的中小型企业,多为高新技术企业;投资方式一般为股权投资,一般不要求控股权,也不需要任何抵押或担保。风险投资人一般会积极参与被投资企业的经营管理,提供增值服务;如果企业发展得好,除了种子期融资外,风险投资人一般也会对被投资企业以后各发展阶段的融资需求予以满足。当被投资企业增值后,风险投资人会通过上市、收购兼并或其他股权转让方式撤出资本,实现增值。

我们耳熟能详的企业,尤其是互联网企业基本都是依靠风险投资起步的。

资料卡

阿里巴巴创业伊始,第一笔风险投资救急

1999 年年初,马云决定回到杭州创办一家能为全世界中小企业服务的电子商务站点。回到杭州后,马云和最初的创业团队开始谋划一次轰轰烈烈的创业。大家集资了 50 万元,在马云位于杭州湖畔花园的 100 多平方米的家里,阿里巴巴诞生了。

这个创业团队里除了马云之外,还有他的妻子,他当老师时的同事、学生,以及被他吸引来的精英。例如,阿里巴巴首席财务官蔡崇信,当初放弃一家投资公司的中国区副总裁的头衔和 75 万美元的年薪,来领马云几百元的薪水。他们都记得,马云当时对他们所有人说:"我们要办的是一家电子商务公司,我们的目标有 3 个:第一,我们要建立一家生存 102 年的公司;第二,我们要建立一家为中国中小企业服务的电子商务公司;第三,我们要建成世界上最大的电子商务公司,要进入全球网站排名前 10 位。"豪言壮语在某种意义上来说,只是当时阿里巴巴的生存技巧而已。

阿里巴巴成立初期,公司是小到不能再小,18 个创业者往往身兼数职。好在网站的建立让阿里巴巴开始逐渐被很多人知道。来自美国的《商业周刊》,还有英文版的《南华早报》最早主动报道了阿里巴巴,并且令这个名不见经传的小网站开始在海外有了一定的名气。有了一定名气的阿里巴巴很快也面临资金的瓶颈:公司账上没钱了。当时马云开始去见一些投资者,但是他并不是有钱就要,而是精挑细选。即使囊中羞涩,他还是拒绝了 38 家投资商。马云后来表示,他希望阿里巴巴的第一笔风险投资除了带来钱以外,还能带来更多的非资金要素,如进一步的风险投资和其他的海外资源。而被拒绝的这些投资者并不能给他带来这些。就在这个时候,现在担任阿里巴巴 CFO 的蔡崇信的一个在投行高盛的旧关系为阿里巴巴解了燃眉之急。以高盛为主的一批投资银行向阿里巴巴投资了 500 万美元。这一笔"天使基金"让马云喘了口气。

资料来源:百度文库.

今日资本集团创始人、总裁徐新女士说过:"风险投资虽然贪婪,但是相对于银行、私人借款等筹款方式来说,风险投资是金额最大、持续时间最长的融资方式。今天在美国纳斯达克上市的市值超过 10 亿美元的企业,都有一个共同点,就是它们背后都有一个风险投资在支撑。所以,我们的钱给企业带来迅速发展的机会。我觉得中国现在的大部分行业还是处于跑马圈地、舍命狂奔的阶段,有钱和没钱决定了企业的发展速度是非常不一样的。"有人比喻在创业阶段,企业与风险投资人就像两个独翼巨人,他们渴望相互捆绑在一起飞翔,但只有企业具备强壮的右翼,资本才愿意把它强壮的左翼绑过来。

关于风险投资,创业者必须要搞清楚以下几个问题。

1. 你如何找到风险投资人?

一般来说,在准备好了创业计划书后,就可以联系风险投资,有直接联系和通过中介介绍两种方式。直接联系包括通过参加有关的投资交易会或研讨会接触风险投资,直接联系国内外在风险投资领域有影响力的人士,利用互联网查阅由专业机构收集、编制和出版的风险投资公司的信息等。中介介绍包括中介机构介绍和中介人介绍两种。利用中介联系风险投资,其优点在于专业性强,便利性、成功率高;缺点是费用较高,保密性差。

2. 你怎样选择风险投资人?

有些创业者为了尽快筹措启动资金,只有一个想法"我不需要别的,我就需要你的钱"。其实这是不对的。创业者与风险投资人对接,取决于双方的信任、经验、胆略,乃至直觉,是一个复杂的博弈过程。创业者与风险投资人一定要志同道合、同甘共苦,在发展业务策略方面能达成共识,若同床异梦,大多都会失败的。不仅要志同道合,还要有默契。要重视风险投资人的价值,如果有条件,最好寻找影响力大的风险投资人合作,以借助他们的经验和力量。

腾讯创始人、董事会主席马化腾在《你拿什么吸引我》一书的推荐序中写道:"作为中国的最早一批互联网创业者,我也曾走过一条艰涩的创业和融资之路……

"1999 年,QQ 迎来了第一次注册用户剧增的浪潮,我们在深受鼓舞的同时,也承受着巨大的资金和技术压力,但在当时,我们还难以描绘出动听的创业故事;困难的时候,我们甚至考虑低价出售公司。所幸我们坚持了下来,并且拿到了第一笔风险投资。现在一些业界的朋友评论说，当时风险投资严重低估了腾讯的投资价值，然而在当时，正是这笔风险投资使我们能够撑下去，继续为广大网友提供服务，这样才会有今天的腾讯。

"在腾讯的成长过程中，我有一个非常重要的体会是，创业者寻找投资伙伴时应该考虑的并不仅仅是资本。实际上，投资方能帮到创业者的绝不仅仅是资金。尤其是有经验的投资商，他们都对行业有着深刻的理解和洞察力，同时也拥有深厚的行业资源。除此之外，更重要的还有投资人对创业团队和新人的鼓励，以及对未来风险共担的责任。这些对于创业者来说，才是真正弥足珍贵的元素。"

徐新在《赢在中国》中这样建议创业者："第一，我觉得选择的风险投资商要在中国做过项目，有很多成功案例。因为没有做过，他会对你提很多要求，如做一些盈利的保证。亚洲的一些风投有一个特点，业务还没搞清楚，先问你能赚多少钱，利润增长多少倍，市盈率多少。业务还没搞清楚就问这个，我觉得这其实对你是一个阻碍。"

3. 你拿什么吸引风险投资人？

风险投资界有句名言："风险投资成功的第一要素是人，第二要素是人，第三要素还是人。"一般风险投资人，在面对创业者时首先考虑的是他的能力与潜质，包括其性格优势，如成熟、自信、踏实、责任心、诚信等，其次就是他的项目优势，如项目竞争优势、项目前景、项目回报等。在跟投资者沟通的过程中，自信很重要。在风险投资人首次接触丁磊的时候，他只有29岁，风险投资人问他，这么多互联网都在竞争，你有什么优势？丁磊说我是第一呀，其实那时候新浪和搜狐都比他强，但是丁磊那时候能够说自己就是第一，而且坚信自己能做到第一，立即吸引了风险投资人。不过很多情况下，风险投资人更关注团队力量，团队的背景越多元化，其成功的可能性相对越高。一般来说，一个创业团队有多强，就决定公司能走多远。"选择正确的投资项目远比经营管理投资项目更重要"，这是创业投资企业熟知的经典原则。准备一份翔实的创业计划书，争取向风险投资人当面阐述的机会，用你的创业计划书吸引风险投资人。然后承诺财务公开，以坦诚的态度邀请风险投资人加入董事会，虚心接纳风险投资人对于新企业在经营上的改进建议。

4. 你如何与风险投资人谈判？

风险投资谈判就是需要你在几分钟内，用最精练的语言描述自己做了什么产品，这个产品有什么样的市场，提供了什么样的价值，为什么别人会用它，它的市场潜力有多大。开门见山地切入主题，用真实、简洁的语言表述你的想法，自信诚恳并注意细节，充分表现你语言的煽动力，展现你的领导才能。尽可能地收集更多资料，多角度加以分析和总结，对于可能出现的问题要有足够的认识和评估，帮助风险投资人强化项目可行性认识。创业者不能太自负。因为成功的人可能会自负，但是自负的人很难成功。

特别提醒的是，创业者在接触风险投资人时，一定要签订保密协议。从自身利益出发，创业者必须具备对自己的核心技术、无形资产的保密意识，在跟风险投资人谈合作的时候，风险投资人也会认为这样的创业者是很专业的。如果双方最终未能达成协议，创业者也可以有效保护自己的无形资产。

（五）国家政策性扶持

为了鼓励与扶持大众创业，我国政府近年来陆续出台了很多相关优惠政策，创业者要善于利用国家的扶持政策,从政府方面获得融资支持,充分利用有利条件进行融资或贷款。目前国家在创业小额贷款发放方面做了很多的努力,每年有几十亿元的资金进入创业领域。再就业小额担保贷款、科技部推行的"中小企业科技创新基金"、人力资源和社会保障部推行的"4050 计划"、大学生创业基金等都可以为创业者提供相应的资助资金,还有众多地方性优惠政策,巧妙地利用这些政策,可以达到事半功倍的效果。

再就业小额担保贷款,是针对有劳动能力、就业愿望和诚实守信的下岗失业人员的,帮助下岗失业人员自主创业。他们大多数缺乏启动资金和信用担保,很难获得银行贷款。政府设立再就业担保基金,由再就业担保机构担保,向银行申请专项再就业小额贷款。科技型中小企业技术创新基金是由国务院批准设立,针对科技型中小企业用于技术创新的政府专项基金。通过贷款贴息、拨款资助和资金投入等方式扶持科技型中小企业的技术创新活动,从而大力促进科技成果转化,加快高新技术产业化进程,培育一批具有中国特色的科技型中小企业。其重点支持的对象是技术水平高、管理科学、持续创新能力强、产品市场前景好和成长性好的企业,以及科技人员携带具有良好产业化前景的高新技术项目创办的企业。

大学生创业政策法规与优惠政策主要包括高校毕业生自主创业可以享受的创业服务,以及国家鼓励大学生创业的扶持政策。对符合条件的高校毕业生自主创业的,可在创业地按规定申请小额担保贷款,从事微利项目的,可享受不超过 10 万元贷款额度的财政贴息扶持;对合伙经营和组织起来就业的,可根据实际需要适当提高贷款额度。按照《国务院关于进一步做好普通高等学校毕业生就业工作的通知》(国发〔2011〕16 号)、《国务院办公厅转发人力资源社会保障等部门关于促进以创业带动就业工作指导意见的通知》(国办发〔2008〕111 号)等文件的规定,高校毕业生自主创业可以享受税收优惠政策、小额担保贷款、贴息支持政策、免收费政策等。

(六) 其他方式

1. 与他人合作

与他人合伙创业是一个比较有效的创业融资渠道,但对初次创业者来说,一定要慎重考虑合作对象,有些人可以当很好的朋友,但不一定是很好的合作伙伴。虽说合伙创业可以筹集启动资金,共同承担风险,增加创业成功的概率,但与他人合作创业最容易产生分歧,没有良好的信任基础,最终的结果会不欢而散。因此,在与他人合作之前,一定要与合伙人将权利、义务,以及如何经营管理、如何获取投资收益、如何区分工资所得与股东权益所得等一系列问题谈清楚。最有效的措施就是在合伙之前将所有可能发生的纠纷,全部用法律合同的形式固定下来。在没有看好合伙人之前,最好不要轻易合伙,不要只是为了筹集资金合伙。选择合伙人的标准"人品第一、价值观第二、工作态度第三、能力第四",这 4 个条件缺一不可。与他人合作,自己必须在整个企业经营中掌握主动权,掌握如人事、财务、客户资料、上游供应商的关系等核心资源,才能在合作出现问题时最大限度地降低对企业的伤害。在不违反原则的前提下,要本着不伤和气、好聚好散的前提处理事情,合作不成还可以继续当好朋友。

2. 民间借贷

民间借贷是指公民之间、公民与法人之间、公民与其他组织之间的借贷。只要双方当事人意见真实即可认定有效。因借贷产生的抵押相应有效,但利率不得超过人民银行规定的相关利率。《合同法》第二百一十一条规定:"自然人之间的借款合同约定支付利息的,借款的利率不得违反国家有关限制借款利率的规定。"同时最高人民法院《关于人民法院审理借贷案件的若干意见》规定:"民间借贷的利率可以适当高于银行的利率,但最高不得超过银行同类贷款利率的四倍。"银行借贷属于间接融资,而民间借贷是一种直接融资渠道。民间借贷是民间资本的一种投资渠道,是民间金融的一种形式。狭义的民间借贷是指公民之间依照约定进行货币或其他有价证券借贷的一种民事法律行为。广义的民间借贷除上述内容外,还包括公民与法人之间,以及公民与其他组织之间的货币或有价证券的借贷。现实生活中通常指的是狭义上的民间借贷。民间借贷出于自愿,信用程度较高,具有方便、灵活、利高、融资快等优点,且其利率杠杆灵敏度高,资金滞留现象少,借贷手续简便,在目前我国资金短缺情况下,是一种有效融资途径。

民间借贷也伴有消极因素出现,在实践中为一些不法分子乘机进行金融诈骗活动提供了方便——民间借贷带有盲目性,风险系数极大,在借贷双方和存款者之间产生连锁反应,造成社会不安定因素,一些人借机放超高利息进行高利贷活动,干扰了金融市场。民间借贷双方是否形成借贷关系,以及借贷数额、借贷标的、借贷期限等取决于借贷双方的书面或口头协议。作为一种民事法律行为,借贷双方通过签订书面借贷协议或达成口头协议形成特定的债权债务关系,从而产生相应的权利和义务,只要协议内容合法,都是允许的,受到法律的保护。这里需要注意的是,只有出借人将货币或其他有价证券交付给借款人,这样借贷关系才算正式成立。双方可以约定这种借贷是否有偿,只有事先在书面或口头协议中约定有偿的,出借人才能要求借款人在还本时支付利息。债权债务关系是我国民事法律关系的重要组成部分,这种关系一旦形成便受法律的保护。

许多人在创业初期往往求"钱"若渴,为了筹集创业启动资金,不考虑自己的资金需求和筹资成本。如今经营利润率越来越低,创业者在融资时一定要考虑成本问题。金钱不是万能的,但没有金钱是万万不能的。创业筹资是创业者必须掌握的一门学问。对创业者来说,快速、高效地筹集到资金,是创业成功的关键因素。

资料卡

你如何处理借债问题

1. 测试内容

你的朋友早先跟你借了一笔钱,到了许诺还钱的时候却没有还。前不久他又来找你借钱了,说日后连以前的债一起还清,你会怎么办?

A. 催讨前债,跟他翻脸

B. 要求对方还清前债,否则免谈

C. 先借给他吧,人家也有难处

D. 要求对方打借条,限期还钱

2. 测试解析

选择 A 的人：钱是让人成为敌人的最佳武器。如果你为了这笔钱而和对方翻脸，你是一个很容易因钱而与人为敌的人。钱对你而言比友情更实际和重要。当初你就把朋友定位在利益互相支持的前提下，一旦朋友没办法支持你，甚至会拖累你，你就会翻脸。

从这种金钱观和交友观来看，你最好不要和朋友有金钱方面的往来，否则很容易失去很多朋友，增加很多敌人。

选择 B 的人：你是一个比较讲求理性的人。在你的观念中，借钱是建立在一种人与人之间的信用上。一笔债务清偿，才表示一个人信用良好，然后才有下一次借贷。不过，你这种原则虽然合理，却会使你看起来得理不饶人。你绝对地要求对方要按照你的意思来做，所以会得罪很多朋友。

因此，你总是以理逼人，不讲人情，就算错在对方，你的态度和语气也会让人觉得自尊受损而跟你势不两立。

选择 C 的人：相信对方是真的有苦处，而对方又擅长诉苦，且声泪俱下，你是不会拒绝对方的。因此，可以说你的防范意识不强。虽然这样比较不易得罪人，但你却必须付出比别人更多的资源和利益。

表面上看，你没有敌人阻挠你的人生，但每次你都把损失算在自己头上，认为自己命该如此。长此以往会造成你自信心缺乏，封闭自我，最后将影响自己的事业人生。你的敌人给你的伤害是无形的，所以千万不要以为没有人恨你就是大好人。

选择 D 的人：你是一个希望情理分明的人。在你的观念里，朋友虽然有通财之义，但绝不能因钱而伤感情。为了自己的权益，也为了自己的人际关系，你将会有进一步诉讼催讨动作。你的权益有进一步保障，也适当地降低了对方的敌对意识。

但此法做起来难。很多人认为朋友间借钱不必这么麻烦，但到最后不是你自认倒霉就是跟对方撕破脸。你最好灌输对方一种观念，即使是亲兄弟也要明算账。

资料来源：李野新，周俊宏. 创业必修的 10 堂课[M]. 杭州：浙江人民出版社，2010.

项目实践

项目实践一　测算创办企业所需的启动资金

以小组为单位，首先讨论确定创办企业的类型，然后罗列创办企业所需的费用，测算创办企业所需的启动资金。每组派一名代表，交流讨论结果。通过讨论比较，分析不同类型企业所需启动资金的差别。

一、固定资产

1. 各种设备

预测计划生产和销售能力，企业需要的设备。

名　称	单　价	数　量	总费用/元

供应商名称	地　址	联系方式

2. 交通工具

根据企业的运输和营销需求,需要的交通工具。

名　称	单　价	数　量	总费用/元

供应商名称	地　址	联系方式

3. 办公用品

企业办公需要的办公用品。

名　称	单　价	数　量	总费用/元

供应商名称	地　址	联系方式

4. 合计

企业需要的固定资产。

项　目	价值/元
设备和工具	
交通工具	
办公用品	
店铺	
厂房	
土地	
合计	

二、流动资金(月)

1. 原材料和包装

名　称	单　价	数　量	总费用/元

供应商名称	地　址	联系方式

2. 经营费用

项　目	费用/元	备　注
工资		
登记注册费		
公用事业费		
维修费		
营销费用		
保险费		
租金		
其他		
总计		

项目实践二 确定启动资金的融资渠道

　　以项目实践一为基础,以小组为单位,确定了各自创办企业的类型,测算初创企业所需的启动资金。运用头脑风暴法,讨论所要创办企业启动资金的融资渠道,一一列举出来并拟好操作计划书。每组派一名代表,交流讨论结果。通过 SWOT 分析,比较哪些融资渠道更适用于所创办类型的企业,并确定启动资金的数额。

项目五

选择企业形态

项目目标

1. 了解企业常见术语,认识企业法律关系。
2. 了解企业法律形态,理解不同形态特点。
3. 培养良好法律意识,选择合适组织形式。

**导学
案例** **高考状元稀里糊涂成了法人代表**

2008 年 3 月,南京市查获了迄今为止全国最大的一起在校大学生传销案,案件涉及 33 所高校的 834 名在校大学生。涉案的南京某商贸公司从 2006 年 9 月开始,以销售会员卡和项目合作等名义,收取 150 元至 1 000 元不等的入门费,发展在校大学生从事传销活动。记者在采访中发现,该案中许多涉案大学生盲目的创业冲动和面对复杂社会生活时表现出的单纯和无知,让人触目惊心。

当王顺德打电话告诉杨志杰,他已经成为南京某商贸公司法人代表、总经理时,年仅 22 岁、尚在南京某大学金属材料系读三年级的杨志杰着实兴奋了一阵子。这个来自河北某市一个贫困家庭、曾是当年该市理科状元的大学生,感到天上掉馅饼的事真的发生了,而且就掉在了自己身上。

他曾听王顺德说要注册公司,但没有想到自己会是总经理。当时杨志杰作为军训教官,正在参加大一新生的军训活动,公司是怎么注册的,他一概不知。直到被逮捕、被关进看守所,杨志杰还没有弄明白法人代表究竟是个什么职务,需要承担什么样的法律责任。

杨志杰是在一个偶然的机会认识王顺德的。2005 年底,已经辗转多个地方也没有"混"出个名堂的王顺德,来到杨志杰所在的大学搞招商说明会。当时他正与移动公司做 IP 电话项目,其实就是推销 IP 电话卡。

杨志杰在项目会上对王顺德"一见倾心"。"当时感觉这个人见多识广、头脑灵活,而且是'境外人士',经商思路肯定比较超前,跟他能学到很多东西。"此前,杨志杰也做过一些社会兼职补贴生活费,但都是一些做家教、发传单、抄信封之类的活,杨志杰自我感觉"学不到什么东西,难以提高自己的能力"。

项目会结束后,杨志杰等七八名同学被王顺德请到了家中深谈,大家相谈甚欢。

从此以后，他们经常到茶舍聚会、聊天，40多岁的王顺德也充分发挥自己神侃能吹的本领，让这些尚未走出校门的大学生佩服得五体投地。他们觉得跟着王顺德，让他们长了不少见识。

2006年春节过后，王顺德与杨志杰等人的接触渐多，王顺德要成立一个组织的想法，也被大家所认同。同年8月，一个名叫"大学生创业联合会"的组织呱呱坠地。在王顺德的授意下，这个打着"为在校大学生提供实践平台"旗号的组织，实际用的是"学生拉学生"的手法，通过交纳金额不等的入门费来发展会员。

此后不久，因学校认为"发展会员"这一方式不妥，大学生创业联合会被取缔。一个月后，取而代之的南京某商贸有限公司随即成立。这个商贸公司依然用拉会员入伙的形式进行运转，而且更加张狂。

在南京市看守所见到杨志杰时，这个戴着眼镜、看上去文质彬彬的青年神情很茫然，"我不知道这就是传销，如果知道，我肯定不会干。"但当记者问他是不是上了王顺德的当时，他说，"自己的事应该自己负责。"

资料来源：人民网

创业者需要热情、智慧和才干，更加需要具备良好的法律素质和清醒的法律意识。市场经济也是法制经济，董事长、总经理的头衔，不仅是鲜亮的光环，也是企业经营管理活动中的责任主体。在我国，传销被明令禁止，而合法的直销需要政府相关部门的许可。对于想创业的大学生来说，了解法律知识，遵守法律规定，是创业取得成功的重要保证。

知识讲坛

任务一　认识企业的常见术语

对所有创业者来说，永远告诉自己一句话：从创业的第一天起，你每天要面对的是困难和失败，而不是成功。我最困难的时候还没有到，但有一天一定会到。

——马云

在创办企业的过程中，经常需要填写一些资料和表格，其中会涉及一些常见的概念和名称，在此进行简单的介绍。

（一）法人

法人是一种享有民事主体资格的组织，它和自然人一样，同属于民事主体的范围，而且是民事主体中的重要组成部分。《民法通则》第三十六条规定："法人是具有民事权利能力和民事行为能力,依法独立享有民事权利和承担民事义务的组织。"法人能够以自己的名义从事民商事活动并以自己的财产独立承担民事责任。

（二）企业法人

企业法人是以营利为目的、独立从事商品生产和经营活动的经济组织。它是被管理机构认定的企业名称或字号,在工商部门中也常常被称为市场经营主体。

1. 按企业资产的所有制性质来分类

企业法人包括:全民所有制企业法人、集体所有制企业法人、中外合资经营企业法人、中外合作经营企业法人及外商独资企业法人,以及他们之间成立的具有法人资格的联营企业和其他各种具有法人资格的企业或公司。

2. 按照企业法律属性的不同

企业法人包括:公司制企业法人(有限责任公司、股份有限公司)、非公司制企业法人(多为尚未转制的国有企业、集体企业)。

（三）法定代表人

法定代表人是"法人的法定代表人"的简称,是依照法律或法人章程规定,代表法人行使职权的法人主要负责人。公司法定代表人依照公司章程的规定,由董事长、执行董事或经理担任,并依法登记。

公司登记(备案申请书)如表5-1所示。

表5-1　公司登记(备案)申请书(节选)

□基本信息	
名　　称	
名称预先核准文号/注册号/统一社会信用代码	
住　　所	_____省(市/自治区)_____市(地区/盟/自治州)_____县(自治县/旗/自治旗/市/区)_____乡(民族乡/镇/街道)_____村(路/社区)_____号
生产经营地	_____省(市/自治区)_____市(地区/盟/自治州)_____县(自治县/旗/自治旗/市/区)_____乡(民族乡/镇/街道)_____村(路/社区)_____号
联系电话	邮政编码

(续表)

☐设立			
法定代表人 姓　名		职　务	☐董事长 ☐执行董事 ☐经理
注册资本	_____万元	公司类型	
设立方式 （股份公司填写）		☐发起设立　　　☐募集设立	
经营范围			
经营期限	☐___年　☐长期	申请执照副本数量	
雇工人数	总人数：___人	其中：下岗失业人数_____人；高校毕业人数_____人；外籍人数_____人	

资料来源：南京市工商局网站.

（四）董事长、经理

1. 董事长

有限责任公司董事会设董事长1人，可以设副董事长。董事长、副董事长的产生办法由公司章程规定。股份有限公司董事会设董事长1人，可设副董事长。董事长和副董事长由董事会以全体董事过半数选举产生。董事长是公司董事会的领导，公司的最高领导者，其职责具有组织、协调、代表的性质，董事长的权力在董事会职责范围之内，不管理公司的具体业务，一般也不进行个人决策，只在董事会开会或董事会专门委员会开会时才享有与其他董事同等的投票权。董事长可以随时解除除董事和监事以外的任何人的职务。一般来说，董事长拥有如下权利：

- 主持股东大会和召集、主持董事会会议；
- 召集和主持公司管理委员会议，组织讨论和决定公司的发展规划、经营方针、年度计划，以及日常经营工作中的重大事项；
- 检查董事会决议的实施情况，并向董事会提出报告；
- 提名公司总经理和其他高层管理人员的聘用、报酬、待遇及解聘，并报董事会批准和备案；
- 审查总经理提出的各项发展计划及执行结果；
- 定期审阅公司的财务报表和其他重要报表，全盘控制全公司系统的财务状况；

- 签署批准公司招聘的各级管理人员和专业技术人员；
- 签署对外重要经济合同，上报印发的各种重要报表、文件、资料；
- 处理其他由董事会授权的重大事项；
- 检查董事会决议的实施情况，并向董事会报告；
- 签署公司股票、公司债券；
- 由董事会授权董事长在董事会闭幕期间行使董事会的部分职权；
- 提议召开临时董事会。

除章程规定须由股东大会和董事会决定的事项外，董事长对公司重大业务和行政事项有权做出决定。

2. 经理

有限责任公司设经理，由董事会聘任或解聘。股份有限公司设经理，由董事会决定聘任或解聘。经理对董事会负责，行使下列职权：

- 主持公司的生产经营管理工作，组织实施董事会决议；
- 组织实施公司年度经营计划和投资方案；
- 拟订公司内部管理机构设置方案；
- 拟定公司的基本管理制度；
- 制定公司的具体规章；
- 提请聘任或解聘公司副经理、财务负责人；
- 聘任或解聘除应由董事会聘任或者解聘以外的负责管理人员；
- 公司章程和董事会授予的其他职权。

经理列席董事会会议。

（五）公司章程

公司章程是指公司依法制定的规定公司名称、住所、经营范围、经营管理制度、利润分配等重大事项的基本文件，或是指公司必备的规定公司组织及活动的基本规则的书面文件，是以书面形式固定下来的股东共同一致的意思表示。公司章程是公司组织和活动的基本准则，是公司的宪章。

（六）企业性质

企业性质是指企业法人的所有制形式，一般包括全民、民营和个体等。

（七）成立时间

依法设定的企业须由公司登记管理机关发给企业营业执照，而成立时间就是指营业执照的签发日期。

（八）从业人数

从业人数是指参加企业经营活动的所有人员。

（九）注册资金

注册资金是指在工商、税务部门登记时所提交的银行账户中自有资金,经工商、税务审核批准注册企业的验资数额。

（十）注册地址

注册地址是指企业法人办事机构的注册所在地。

（十一）经营地址

经营地址是指企业进行经营活动的具体地点。

（十二）经营范围

经营范围是指经过核准后企业经营的行业和商品类别。

（十三）经营方式

经营方式是指企业在经营活动中所采取的方式和方法,如批发、零售、批零兼营、代理、自产自销、代购代销、来料加工、客运服务、货运服务、修理服务、培训服务、咨询服务、租赁服务等。

任务二　了解企业的法律形态

> 回头看我的创业历程,是不断寻找、不断纠正的过程。
>
> ——吴锡桑

对创业者而言,选择一个合适的企业法律形态非常重要,因为这不仅关系到企业注册流程、企业纳税的多少、创业者个人需承担的责任、创业者的融资行为等,也在一定程度上决定了企业未来的走向。

依据财产组织形式和法律责任,通常把企业分为3类:公司企业、合伙企业和独资企业。如今,在高度发达的市场经济条件下,企业的组织形式日益多样化。

（一）公司

公司是一种企业组织形态,是依照法定的条件与程序设立的、以营利为目的的商事组织。公司具有法人资格,能够以自己的名义从事民商事活动,并以自己的财产独立承担民事责任。根据我国《公司法》的规定,公司包括有限责任公司和股份有限公司两种类型。

1. 设立条件

有限责任公司的设立条件。依据《公司法》第二十三条的规定,设立有限责任公司,应当具备下列条件：股东符合法定人数；股东出资达到法定资本最低限额；股东共同制定公司章程；有公司名称，建立符合有限责任公司要求的组织机构；有公司住所。

股份有限公司的设立条件。依据《公司法》第七十七条的规定，设立股份有限公司，应当具备下列条件：发起人符合法定人数；发起人认购和募集的股本达到法定资本最低限额；股份发行、筹办事项符合法律规定；发起人制定公司章程，采用募集方式设立的经创立大会通过；有公司名称，建立符合股份有限公司要求的组织机构；有公司住所。

2. 股东人数

《公司法》第二十四条规定"有限责任公司由五十个以下股东出资设立"。

《公司法》第七十八条规定"股份有限公司的设立，可以采取发起设立或者募集设立的方式。发起设立，是指由发起人认购公司应发行的全部股份而设立公司。募集设立，是指由发起人认购公司应发行股份的一部分，其余股份向社会公开募集或者向特定对象募集而设立公司"。

《公司法》第七十九条规定"设立股份有限公司，应当有二人以上二百人以下为发起人，其中须有半数以上的发起人在中国境内有住所"。

一人有限责任公司。《公司法》第五十八条第二款规定"本法所称一人有限责任公司，是指只有一个自然人股东或者一个法人股东的有限责任公司"。

3. 注册资本

有限责任公司。依据《公司法》第二十六条，有限责任公司注册资本的最低限额为人民币3万元，比较低。《公司法》第二十七条规定，全体股东的货币出资金额不得低于有限责任公司注册资本的30%。

股份有限公司。依据《公司法》第八十一条，股份有限公司的注册资本最低限额为人民币500万元，比较高。

一人有限责任公司。《公司法》第五十九条规定，一人有限责任公司的注册资本最低限额为人民币10万元，股东应当一次足额缴纳公司章程规定的出资额。

4. 决策程序

有限责任公司。《公司法》第四十二条、第四十三条、第四十四条规定，有限责任公司的股东会为公司的权力机构，由全体股东组成，除公司章程另有规定或者全体股东另有约定，应当于会议召开15日前通知全体股东；股东会会议由股东按照出资比例行使表决权，股东会的议事方式和表决程序，一般由公司章程规定。但是，股东会做出修改公司章程、增加或减少注册资本的决议，以及公司合并、分立、解散或变更公司形式的决议，必须经代表2/3以上表决权的股东通过。

股份有限公司。《公司法》第一百条、第一百零三条、第一百零四条、第一百零五条、第一百零六条、第一百零七条规定，股东大会是股份有限公司的权力机构，由全体股东组成。股份有限公司股东大会的职权与有限责任公司股东会相同，由于其股东人数一般较多，所以有较长的开会通知时限，因其股份被划分为若干等份，所以，每一股份有一表决权。股东大会做出决议，必须经出席会议的股东所持表决权过半数通过。但是，股东大会做出修改公司章程、增加或减少注册资本的决议，以及公司合并、分立、解散或变更公司形式的决议，必须经出席会议的股东所持表决权的 2/3 以上通过。

一人有限责任公司。《公司法》六十一条规定,一人有限责任公司章程由股东制定。《公司法》第六十二条规定,一人有限责任公司不设股东会。股东做出本法第三十八条第一款所列决定时,应当采用书面形式,并由股东签名后置备于公司。

5. 决策与执行机构

有限责任公司。有限责任公司的股东会作为公司的权力机构,对公司事务进行决策。

股份有限公司。股份有限公司的股东会作为公司的权力机构,对公司事务进行决策。

6. 股权变更及进出机制

有限责任公司。依据《公司法》第七十二条、第七十三条、第七十四条,股东之间可以相互转让其全部或部分股权。股东向股东以外的人转让股权,应当经其他股东过半数同意。对于所出让的股份,其他股东具有同等条件下的优先购买权。转让股权后,公司应当相应修改公司章程和股东名册中有关股东及其出资额的记载。

股份有限公司。股东持有的股份可以依法转让,并无如有限责任公司般的限制。特别是,无记名股票只需交付即发生转让的效力。

7. 财务

有限责任公司。有限责任公司应当在每一会计年度终了时编制财务会计报告,并依法经会计师事务所审计,且依照公司章程规定的期限将财务会计报告送交各股东。

股份有限公司。股份有限公司应当在每一会计年度终了时编制财务会计报告,并依法经会计师事务所审计,且财务会计报告应当在召开股东大会年会的 20 日前置备于本公司,供股东查阅。

一人有限责任公司。《公司法》第六十三条规定,一人有限责任公司应当在每一会计年度终了时编制财务会计报告,并经会计师事务所审计。

8. 责任形式

有限责任公司。有限责任公司的股东以其认缴的出资额为限对公司承担有限责任。

股份有限公司。股份有限公司的股东以其认购的股份为限对公司承担有限责任。

一人有限责任公司。《公司法》第六十四条规定,一人有限责任公司的股东不能证明公司财产独立于股东自己财产的,应当对公司债务承担连带责任。

9. 所得分配

有限责任公司。除全体股东另有约定,有限责任公司的股东按照实缴的出资比例分取红利。

股份有限公司。股份有限公司按照股东持有的股份比例分配,但股份有限公司章程规定不按照出资比例分取红利的除外。

10. 税负

有限责任公司。作为中国境内的企业法人,有限责任公司适用《中华人民共和国企业所得税法》,需缴纳企业所得税和个人所得税,企业所得税的税率为 25%。

股份有限公司。作为中国境内的企业法人,股份有限公司适用《中华人民共和国企业所得税法》,需缴纳企业所得税和个人所得税,企业所得税的税率为25%。

(二)合伙企业

合伙企业是指由自然人、法人和其他组织设立的组织体,包括普通合伙企业和有限合伙企业两种类型。普通合伙企业的所有合伙人对合伙企业的债务都承担无限连带责任,有限合伙企业则包括普通合伙人和有限合伙人,前者对合伙企业债务承担无限连带责任,后者则只以其认缴的出资额为限对合伙企业债务承担责任。普通合伙与有限合伙的区别如表5-2所示。

表5-2　普通合伙与有限合伙的区别

项　　目	普通合伙企业	有限合伙企业
合伙人	只有普通合伙人	包括普通合伙人和有限合伙人
责任形式	合伙人连带承担无限责任	普通合伙人承担无限责任;有限合伙人承担有限责任
合伙人人数	没有上限	人数不能超过50人
出资形式	普通合伙人可以劳务出资	有限合伙人不得以劳务出资
盈亏分配	普通合伙不得约定将全部利润分配给部分合伙人或由部分合伙人承担全部亏损	有限合伙可以自行约定

1. 设立条件

依据《合伙企业法》第十四条,设立合伙企业应当具备下列条件。

- 有二个以上合伙人。合伙人为自然人的,应当具有完全民事行为能力。
- 有书面合伙协议。
- 有合伙人认缴或实际缴付的出资。
- 有合伙企业的名称和生产经营场所。
- 法律、行政法规规定的其他条件。

2. 股东人数

《合伙企业法》第十四条规定,设立合伙企业,应当有两个以上合伙人;合伙人为自然人的,应当具有完全民事行为能力。

《合伙企业法》第六十一条规定,有限合伙企业由2个以上50个以下合伙人设立;但是,法律另有规定的除外。有限合伙企业至少应当有一个普通合伙人。

3. 注册资本

《合伙企业法》仅笼统地规定合伙人有出资义务和出资方式,合伙人应当按照合伙协议约定的出资方式、数额和缴付期限,履行出资义务,并没有像《公司法》那样规定合伙企业必须由全体合伙人在公司登记机关登记认缴出资额(注册资本)、最低限额和出资期限。

4. 决策程序

《合伙企业法》第三十条规定,除非另有约定,有限合伙企业实行合伙人一人一票并经全体合伙人过半数通过的表决办法。

《合伙企业法》第三十一条规定,除合伙协议另有约定外,合伙企业的下列事项应当经全体合伙人一致同意:

- 改变合伙企业的名称;
- 改变合伙企业的经营范围、主要经营场所的地点;
- 处分合伙企业的不动产;
- 转让或处分合伙企业的知识产权和其他财产权利;
- 以合伙企业名义为他人提供担保;
- 聘任合伙人以外的人担任合伙企业的经营管理人员。

5. 决策与执行机构

有限合伙人不执行合伙事务,对企业承担有限责任。普通合伙人执行合伙事务,对企业承担无限连带责任,并且可以要求在合伙协议中确定执行事务的报酬及报酬提取方式。

6. 股权变更及进出机制

合伙人之间转让在合伙企业中的全部或部分财产份额时,应当通知其他合伙人。除合伙协议另有约定,合伙人向合伙人以外的人转让其在合伙企业中的全部或部分财产份额时,须经其他合伙人一致同意,在同等条件下,其他合伙人有优先购买权。新合伙人入伙,除合伙协议另有约定外,应当经全体合伙人一致同意,并依法订立书面入伙协议。而且,对于有限合伙人,其可以按照合伙协议的约定向合伙人以外的人转让其在有限合伙企业中的财产份额,但应当提前30日通知其他合伙人,新入伙的有限合伙人对入伙前有限合伙企业的债务,以其认缴的出资额为限承担责任。

7. 财务

《合伙企业法》第三十六条规定,合伙企业应当依照法律、行政法规的规定建立企业财务、会计制度。

8. 责任形式

有限合伙企业分为普通合伙人和有限合伙人。其中,普通合伙人对合伙企业债务承担无限连带责任,有限合伙人则以其认缴的出资额为限对合伙企业债务承担有限责任。

9. 所得分配

除合伙协议另有约定或合伙人协商决定,有限合伙企业的合伙人按照实缴出资比例分配、分担;无法确定出资比例的,由合伙人平均分配、分担。

10. 税负

《中华人民共和国企业所得税法》第一条规定,"个人独资企业、合伙企业不适用本法。相较于有限责任公司和股份有限公司,有限合伙企业税负较轻,其不必缴纳企业所得税,仅对合伙人收益部分征收个人所得税。

（三）个人独资企业

个人独资企业是指由一个自然人投资,全部财产为投资人所有,投资人以其个人财产对企业债务承担无限责任的经营实体。

1. 设立条件

依据《中华人民共和国个人独资企业法》第八条的规定,设立个人独资企业应当具备下列条件:

- 投资人为一个自然人;
- 有合法的企业名称;
- 有投资人申报的出资;
- 有固定的生产经营场所和必要的生产经营条件;
- 有必要的从业人员。

2. 股东人数

个人独资企业仅由一个自然人投资设立,这是独资企业在投资主体上与合伙企业和公司的区别。《中华人民共和国个人独资企业法》第十六条规定,法律、行政法规禁止从事营利性活动的人,不得作为投资人申请设立个人独资企业。

3. 注册资本

对个人独资企业,法律并无最低注册资本的要求。

《中华人民共和国个人独资企业法》第十八条规定,个人独资企业投资人在申请企业设立登记时明确以其家庭共有财产作为个人出资的,应当依法以家庭共有财产对企业债务承担无限责任。

4. 决策程序

《中华人民共和国个人独资企业法》第十九条规定,个人独资企业投资人可以自行管理企业事务,也可以委托或聘用其他具有民事行为能力的人负责企业的事务管理。投资人委托或聘用他人管理个人独资企业事务,应当与受托人或被聘用的人签订书面合同,明确委托的具体内容和授予的权利范围。

受托人或被聘用的人员应当履行诚信、勤勉义务,按照与投资人签订的合同负责个人独资企业的事务管理。投资人对受托人或被聘用的人员职权的限制,不得对抗善意第三人。

5. 股权变更及进出机制

《中华人民共和国个人独资企业法》第十七条规定,个人独资企业投资人对本企业的财产依法享有所有权,其有关权利可以依法进行转让或继承。

6. 财务

《中华人民共和国个人独资企业法》第二十一条规定,个人独资企业应当依法设置会计账簿,进行会计核算。

7. 责任形式

《中华人民共和国个人独资企业法》第二条规定,本法所称个人独资企业,是指依照本法在中国境内设立,由一个自然人投资,财产为投资人个人所有,投资人以其个人财产对企业债务承担无限责任的经营实体。

《中华人民共和国个人独资企业法》第十八条规定,个人独资企业投资人在申请企业设立登记时明确以其家庭共有财产作为个人出资的,应当依法以家庭共有财产对企业债务承担无限责任。

8. 所得分配

个人独资企业的全部财产为投资人个人所有,投资人对企业的财产享有支配权和收益权。

9. 税负

《中华人民共和国个人独资企业法》第四条第二款规定,个人独资企业应当依法履行纳税义务。《中华人民共和国企业所得税法》第一条规定,个人独资企业、合伙企业不适用本法。个人独资企业不需要缴纳企业所得税,而是按照《个人所得税法》的规定缴纳个人所得税。

(四) 个体工商户

个体工商户,是指有经营能力并依照《个体工商户条例》的规定经工商行政管理部门登记,从事工商业经营的公民。根据我国《民法通则》的规定,个体工商户虽不属于企业,但从事经营活动,为市场中的特殊主体。

1. 设立条件

《个体工商户条例》第二条第一款规定,有经营能力的公民,依照本条例规定经工商行政管理部门登记,从事工商业经营的,为个体工商户。

2. 出资人

个体工商户是以一个自然人名义投资成立的,该自然人是完全民事责任能力人。

3. 注册资本

个体工商户的设立并没有法定注册资本最低限额的限制,只需出资人申报出资即可。

4. 决策程序

个体工商户的投资者与经营者是同一人,都必须是投资设立个体工商户的自然人。个体工商户的所有权与经营权是集于投资者一身的。一般情况下,它只适用于小规模的经营主体。

5. 股权变更及进出机制

个体工商户的组成形式分为个人经营和家庭经营。大部分经营者都选择的是个人经营,就是以个人财产出资,家庭经营是以家庭全部财产出资,所以只占很小的一部分。变更组成形式一般为个人经营变更为家庭经营,家庭经营变更为个人经营手续很复杂。

6. 财务

个体工商户应按照税务部门的规定正确建立账簿,准确进行核算。对账证健全、核算准确的个体工商户,税务部门对其实行查账征收;对生产经营规模小又确无建账能力的个体工商户,税务部门对其实行定期定额征收;具有一定情形的个体工商户,税务部门有权核定其应纳税额,实行核定征收。

7. 财产责任和收益分配

《民法通则》第二十九条规定,个体工商户的债务,个人经营的,以个人财产承担;家庭经营的,以家庭财产承担。因此,以个人名义申请登记的个体工商户,个人经营、收益也归个人者,对债务负个人责任;以家庭共同财产投资,或者收益的主要部分供家庭成员消费的,其债务由家庭共有财产清偿;在夫妻关系存续期间,一方从事个体工商户经营,其收入作为夫妻共有财产者,其债务由夫妻共有财产清偿;家庭全体成员共同出资、共同经营的,其债务由家庭共有财产清偿。

8. 税负

个体工商户不需要缴纳企业所得税,只需要缴纳个人所得税。

任务三　选择合适的企业组织形式

公司是个是非地,商场是个是非地,商人是个是非人,挣钱是个是非事,变革的年代是是非的年代,怎么样在这么多是非里面无是非,这就要求人有非常好非常稳定的价值观。是非取于心,很多是非是心不平产生的。

——冯仑

有限公司、股份公司、个人独资企业、合伙制等企业组织形式都有自身的优点和缺点,因此创业者必须考虑企业组织形式的法律规定,并对其进行比较,在此基础上甄选出最合适的企业组织形式。

(一)几种常见企业组织形式的特点

对于大学生创业者来说,比较适合的企业法律形式有:有限责任公司、合伙企业、个人独资企业。不同企业法律形式的特点如表5-3所示。

表5-3　不同企业法律组织形式的特点

项　目	公　司	合伙企业	个人独资企业	个体工商户
法律依据	《公司法》(2006年1月1日起执行)	《合伙企业法》(2007年6月1日起实行)	《个人独资企业法》(2000年1月1日起施行)	《个体工商户条例》(2011年11月1日起施行)

（续表）

项　目	公司	合伙企业	个人独资企业	个体工商户
法律基础	公司章程	合伙协议	无章程或协议	无章程或协议
法律地位	企业法人	非法人营利性组织	非法人经营主体	以公民个人名义进行法律活动
责任形式	有限公司	无限连带责任	无限责任	无限责任
投资者	法人、自然人皆可	完全民事行为能力的自然人,法律、行政法规禁止从事营利性活动的人除外	完全民事行为能力的自然人,法律、行政法规禁止从事营利性活动的人除外	完全民事行为能力的自然人
注册资本	最低3万元	协议约定	投资者申报	无资本数量限制
出资	法定:货币、实物、工业产权、非专利技术、土地使用权	约定:货币、实物、知识产权,或其他财产权利	投资者申报	投资者申报
出资评估	必须委托评估机构	可以协商确定或评估	投资者决定	投资者决定
财产权性质	法人财产权	合伙人共同拥有	投资者个人所有	投资者个人所有
财产管理使用	公司机关	全体合伙人	投资者	投资者
出资转让	股东过半数同意	一致同意	可继承	可继承
经营主体	股东不一定参与经营	合伙人共同经营	投资者及委托人	投资者个人经营或家庭经营
事务决定权	股东会	全体合伙人或遵从约定	投资者个人	投资者
事务执行	公司机关、一般股东无权代理	合伙人权利同等	投资者或委托人	投资者
盈亏分担	投资比例	约定,未约定则均分	投资者个人	由个人或家庭承担
解散后义务	无	5年内承担责任	5年内承担责任	以个人或家庭财产承担无限责任

（二）不同企业组织形式的优缺点

不同的企业组织形式有不同的要求,进而会对企业的设立和经营活动产生不同的影响,如开办和注册企业的成本,开办企业手续的难易程度,业主的风险责任,企业的决策程序,以及利润的分配等。不同企业组织形式的优缺点如表5-4所示。

表5-4 不同企业组织形式的优缺点

企业形式	优 点	缺 点
公司	出资人以出资为限承担有限责任;企业可发展性强;信誉较好	注册手续流程复杂;税收负担高;有出资额的要求
合伙企业	更容易筹集到创业资金;税收负担较轻;注册资金随意	合伙人承担无限责任;管理决策可能分散
个人独资企业	注册手续简单、费用低;决策自主;税收负担较轻;注册资金随意	信贷者信誉低,融资困难;个人承担无限责任;可持续性不强
个体工商户	注册手续简单、费用低;注册资金随意;决策自主;税收负担较轻	信贷者信誉低,融资困难;个人承担无限责任;经营扩展较为困难

(三) 选择合适的企业组织形式

创业者可以根据自身的特点选择合适的企业组织形式,如果不喜欢与他人合作,就可以选择个体工商户或个人独资企业;如果有志同道合的朋友愿意一起干,不妨选合伙企业、有限责任公司。创业者也可以根据企业的不同发展阶段,选择不同的企业组织形式。一般而言,创业初期可以个体工商户的组织形式经营,建立起技术和产品的内核,待技术或产品在市场上成熟时,再通过设立公司的组织形式来发展已有的商业模式。具体来说,创业者可以结合以下因素来选择企业的法律形态。

1. 企业规模

出资人多的企业可以采用股份有限公司(股东人数无上限)或有限责任公司(股东人数上限50人)的组织形式,出资人少的企业可以采用合伙的组织形式,甚至可以设立一人有限公司或个人独资企业(只有一个人投资)。

2. 资本规模

法律对于每种企业组织形式的市场准入条件都是有明确规定的,例如,股份有限公司的资本额不低于500万元,有限责任公司的资本额不低于3万元,一人有限公司的资本额不低于10万元,所以投资额也是一个需要考虑的因素。

3. 行业选择

如果是一些技术密集型的行业,则更多采用有限责任公司的组织形式;如果是资金密集型的行业,如房地产开发、金融等,则更多采用股份有限公司的形式;如果是几个相互熟悉的人在一起投资创业的,则可采用合伙的形式。另外,一些特殊的行业法律对其形式有特殊规定,如会计师事务所只能采取特殊普通合伙的形式。

4. 法律对于不同企业类型的规定

针对不同类型的企业,法律在资金募集、责任承担等方面有不同的规定。例如,只有股份有限公司可以向社会公开募集资金(发行股票上市交易);股份有限公司、有限责任公司、一人有限公司的股东对公司债务仅承担有限责任,而合伙企业和个人独资企业的投资者对企业债务承担无限责任;合伙企业和个人独资企业无须缴纳企业所得税,只需其投资者缴纳个人所得税即可。

项目实践

项目实践一　选择合适的企业组织形式

张某和刘某是江苏某职业技术学院计算机专业大二在校生,2016年暑假一起到某电脑城打工,帮助客户组装计算机,负责售后服务等工作。逐渐,校内有同学要他们帮忙配置计算机,两人有了一定的销售渠道,经过半年多的实习,也积累了一些经验,于是决定合作创业,经营计算机及其配件。两人可以向家人筹到部分资金,电脑城的老板也同意部分赊销或以校园代理的形式分销。在选择创办企业的组织形式时,两人不知道哪种企业组织形式更适合自己。请你从注册资金、成立条件、经营特征、风险状况等方面进行分析,帮助他们确定合适的企业形式。

	注册资本	成立条件	经营特征	利润分配和债务责任
个体工商户				
有限责任公司				
个人独资企业				
合伙企业				
建议采用的组织形式				

项目实践二　选择企业组织形式

大学毕业生刘某工作3年后,决定自己创业,开办一家汽车用品超市。因为有了一定的工作经验,并且有了一定的创业启动资金,刘某不考虑与别人合作。选择个体工商户,个人独资企业,还是开办一人有限责任公司,刘某陷入了深思。请你帮助他完成分析,并做出选择。

	个体工商户	个人独资企业	一人有限责任公司
名称要求			
法律地位			
出资人			
承担责任的财产范围			
税收			
建议选择的组织形式			

項目六

开办你的企业

项目目标

1. 了解创业计划的作用,制订切实可行的创业计划。
2. 熟悉创业计划书的格式,撰写规范合格的创业计划书。
3. 知晓企业开办的流程,顺利办好开办企业的手续。

导学案例　**创业要有一个长远的规划**

　　有一位从 12 岁就开始写诗的诗人,一直迷恋着 18 世纪法国贵族沙龙式的艺术氛围。他没有豪华的住宅,没有宽大的客厅,也没有空旷的庭院。于是,他设想开一家书店,一家沙龙式的书店,每个星期有一次聚会,讨论的主题是诗、学术图书。他说服了其他几个朋友,集资在市郊开了一家名为"兰波"的书店。书店的特色引起了记者的兴趣,他们正苦于无料可炒,而这样的题材正好用作在大众化的媚俗时代坚持自己理念的"英雄"事迹,不愧为一种"坚守精神家园"的象征。于是各媒体都发布了关于"兰波"书店的话题报道。一时间也吸引了一些文化人,还有不少大学生,来到这里聚会。然而,7 个月又 21 天后,"兰波"倒闭了。

　　它的倒闭在预料之中,因为它的成立和运作建立在一些动听而又虚浮的愿望之上,缺乏长远的规划,离现实距离甚远。首先,"兰波"的经营者没有考虑适合它的一个有钱有闲且很有品位的消费阶层尚未形成。其次,书店地址选择在郊区,学术的讨论固然有些魅力,但要求每周坐公交车或骑单车走那么远的地方,很少有人能坚持。"兰波"败在梦与现实的边界没有分清,现实的东西也许不如梦那般美好,甚至有几分残酷,但现实就是现实,你不遵从它的结果就只能陷入失败的僵局。

资料来源：李琴.赢在中国给创业者的忠告[M].北京：中国画报出版社，2008.

一个创业者有了一个好的创业项目后，接下来首先要干什么？立即去融资吗？还是去组建团队？案例告诉我们要将自己的项目做一个长远的规划。什么是规划？如何去做规划？如何将自己的规划展现给别人并说服别人？又如何将这些规划实施？

知识讲坛

任务一　制订创业计划

> 既然想创业，尤其是在初期的时候，一定要给自己的万丈雄心做一个精密细致的策划。
>
> ——史玉柱

一、认识创业计划

（一）创业计划的含义

创业计划，又叫创业规划或创业策划，是一无所有的创业者就某一项目具有市场前景的新产品或服务向风险投资家游说以取得风险投资的可行性商业报告。创业计划既是一个名词，又是一个动词。

作为名词，创业计划是由创业者准备的一份书面计划，用来描述所要创办企业的所有相关的外部和内部的要素，以及企业所要达到的目标和实现目标的途径与方法等。在这个意义上，创业规划好比地图，假设我们要从南京去北京，就有多条路线，每条路线所用的交通工具不一样，所花的时间和成本也大不一样，这就要我们做出决策。然而在做出决策和制定规划之前必须收集足够的信息，例如，自己的经济状况如何，时间是否宽裕。更主要的是要了解外部情况，如坐汽车会不会堵车，遇到恶劣天气路况是不是能走，坐飞机有哪些航班，会不会延误。这些因素是我们不能控制的，必须在规划中考虑。创业也是如此，而且情况要比旅行复杂得多，因此创业者不得不做规划。

作为动词，创业计划是一个策划过程，即创业策划，是指创业者在充分分析内外部环境因素的基础上，特别是对自己所拥有的或能使用的人力资源、市场资源、技术资源、资金资源、原材料资源、信息资源等关键资源充分挖掘的情况下，制定出未来的发展目标、战略和策略的全过程。

有些创业者在几乎没有商业管理经验的情况下，不制订详细的创业计划就开始创业，这就好比飞行员没有制订飞行计划就盲目起飞。创业时的盲目试飞相当危险。

创业计划可以为创业者的业务发展提供指示图，并成为衡量业务进展情况的标准。

（二）创业计划的特征

从内容上来讲,创业计划具有以下典型特征。

① 总体性。创业计划是创业者创办企业的发展蓝图,规划着企业经营管理的一切具体活动,涉及方方面面,而不是某一局部的设想。

② 长远性。创业计划考虑的是企业未来相当长一段时间内的总体发展问题,通常着眼于未来3至5年或者更长远的目标。

③ 指导性。创业计划确定了企业在一定时期内的基本发展目标,以及实现这一目标的基本途径,指导和激励着企业员工努力工作。

④ 现实性。创业计划建立在现有的主观因素和客观条件的基础上,一切从现有的条件和基础出发。

⑤ 竞争性。创业计划也像军事战略一样,其目的是克敌制胜,赢得市场竞争的胜利。

⑥ 风险性。创业计划是对未来相当长一段时间发展的规划,然而环境总是不断变化的,因此任何创业计划都伴随着风险。

⑦ 创新性。创业计划的创新性源于创业企业生存发展的需要,因循守旧的创业计划是无法适应时代的发展的。

⑧ 稳定性。创业计划一经制订,在较长的时期内就要保持稳定,以利于员工贯彻执行,除非环境发生重大变化。当然,做一些局部的调整是可以的。

二、制订创业计划的意义

（一）有助于明确目标

凡事都需要一个周密的计划,才能成功,毕竟"一夜暴富"的情况只是个别的。对创业者来说,计划尤其重要。当创业的想法还只是脑中的"蓝图"时,只有把"蓝图"实实在在地画在纸上,才算是真正迈开了创业的步子,否则"蓝图"将永远停留在脑中。

创业目标的不同决定着创业企业的未来发展与走向的不同。对希望建立可持续机构,并将其创办的企业看成是自己毕生追求的事业型创业者,可以做到不管谁出价多少都拒绝被收购;对追求迅速盈利的投资型创业者,则不会潜心于构建一家需要持久经营才能长久获利的公司;对谋生型创业者,则只管赚取足够的现金来维持自己的生活。因此,不同的创业目标决定着企业的不同走向,也决定着创业者的不同生活方式。

（二）有助于缓解焦虑和紧张的情绪

制订创业计划对创业者与团队有很多好处。创立新事业以实现愿景,虽然可以为创业者带来较大的自我肯定与满足,但往往也伴随着强烈的焦虑感与高度紧张。

取得财富的过程,往往带有赌博的性质,一个错误决策可能会使创业团队长期陷入困境,而事前的创业规划将有助于降低创业者在创业过程中的焦虑与紧张感。总之,创业计划可以使创业者及早认知未来事业可能遭遇的各类风险与挑战,并事先准备一些应对措施,以更好地面对未来的风险与挑战。

（三）有助于创业活动有序发展、持续进行

面对纷繁复杂、瞬息万变的市场经济，创业者不能依靠自己的想象任意而为，也不能只凭兴趣胆大妄为，或者凭自己的感觉摸着石头过河，这样成功的概率很低。要取得创业的成功，既要讲究艺术，也要讲究科学。根据创业的需要，对创业的方方面面进行规划，是讲究科学的体现。只有这样，才能保证创业活动不受外界的干扰，有步骤、有计划地实施创业活动，使创业获得成功。

（四）有助于绩效的提高

新事业开发也可以通过计划的过程，而获得很多的帮助。研究显示，对新创企业与小企业而言，计划与绩效之间存在显著的正向关系。也就是说，擅长于规划的企业，其经营绩效会比没有做规划的企业好很多。

首先，创业计划可避免遗漏任何重要议题，并促使创业者提前思考应对策略，以提升危机处理能力与降低新事业的风险。因此，全面的创业规划将有助于提升创业者的事业经营能力，增加事业成功的机会。

其次，创业计划可将创业者的事业构想、愿景与发展潜力展现给潜在投资人与事业伙伴。经过认真研究和思考后的创业计划，可让投资人感受到创业者的强烈企图心与新事业的成功可能性，因此能够为新事业争取到更多有利的外部资源。

再次，创业计划为新事业设定目标与发展路径，并展现创业团队的决心与创业者期望组织能呈现的价值。

综上所述，创业计划的作用如图6-1所示。

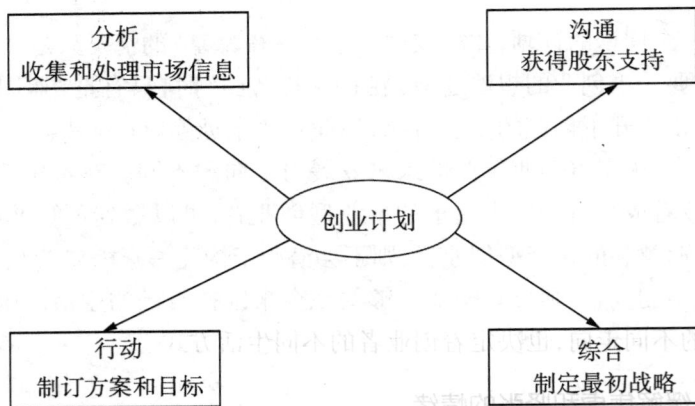

图6-1 创业计划：分析、沟通、行动、综合的工具

（**图片来源**：王志凤.大学生职业生涯规划与发展[M].北京：高等教育出版社，2016.）

三、制订创业计划的步骤

（一）市场评估

创业者要对自己的目标顾客进行分析,计算市场容量或本企业预计市场占有率,并分析预测市场容量的变化趋势;分析竞争对手的主要优势与劣势、本企业的主要优势与劣势。

（二）制订市场营销计划

详细分析本企业提供的产品或服务的主要特征、定价策略、销售地点、销售方式和促销手段。

（三）确定企业组织结构

不同类型企业享受国家优惠政策不同,所承担的责任与风险也不一样,确定本企业的注册类型、员工规模及工资水平、企业内部结构、是否合伙及合伙的具体办法等。

（四）制定令人信服的财务预算

分析本企业需要的固定资产数量及总价,以及房租、水电、办公用品费用,预算出各种经营费用、人员工资,按月预算出 1～3 年的销售收入和成本计划,编制 1～3 年的资产负债预算表、利润预算表和现金流量预算表。这是提供产品或服务的营销方法、营销能力的有力证据,合理、详细地说明制造产品或提供服务的过程和相关成本,预测产品所能达到的发展水平,显示投资者在未来 3～5 年如何从企业获得回报。

任务二　编制创业计划书

商业计划并非一份合同或预算,它是一个故事,一个有关机会发展路径以及企业打算如何创造并收获价值的故事。

——Steve Jurvetson

创业过程就是把一个想法变成一个商机,就像把一条毛毛虫变成一只美丽的蝴蝶。创业不是热情的冲动,而是理性的行为,需要通过创业计划仔细地描述商机的特点、团队、资源需求、风险和潜在的回报等。为了能够成功地吸引到风险投资和合作伙伴,创业者除了要选择好的创业项目,还要写好创业计划书,对创业活动进行通盘的筹划和考虑。

创业计划书是整个创业过程的灵魂。这份白纸黑字的计划书,详细记载了创业的一切,包括创业的种类、资金规划、阶段目标、财务预估、行销策略、可能风险评估、内部管理规划等。在创业过程中,这些都是不可或缺的元素。

一、创业计划书的作用

创业计划书既可以让创业者清楚自己的创业内容,坚定创业目标,也可以说服他人。一份装订成册的计划书有如下作用。

(一)对要创立企业的认识更清晰

对初创企业来说,创业计划书的作用更为明显。一个酝酿中的项目往往很模糊,通过制订创业计划书,把各种理由都写下来,再逐条推敲,这样就能对这个项目有更清晰的认识。可以这样说,创业计划书首先是把计划中要创立的企业推销给创业者自己。

(二)防躁进

唯有通过收集、整理、分析、比较及撰写的程序,方能让原本初始的创业冲动转变为较为可行的有序规划,而此过程正是计划书带来的好处。

(三)防浪费

因为通过数据的整理比较,你在创业过程要花费的成本、要投入的人力与资源及可能产生的收益将会陆续展现。因此"赔本生意没人做"的前提,必然促使你往如何减少有限资源浪费并设法提高收入的方向来多做思考。

二、创业计划书的特点

(一)一目了然

创业计划书应该重点突出创业者和投资者所关心的议题,对关键问题进行直接明确的阐述,如创业的背景、团队近期或中长期目标、细分市场、行业有多大的吸引力、竞争状况如何等。好的创业计划书给人的印象往往是意思表达明确,文章脉络清晰。

(二)周密严谨

创业计划书应以客观表述拟创企业状况为宗旨,严谨统一,有一个整齐的格式,分项详细描述必要的内容和条款,要体现出所创企业人员的专业素质,使本计划更具说服力和可靠性。

(三)长度适中

创业计划书应能对创业构思和盈利模式进行简洁、系统的描述,不要过于渲染或夸大其市场意义。创业计划书不在于写得多,而在于写得精,一定要在内容上突出创业项目的创新点和重点。不妨写成"电梯文本"式,即使投资者在"电梯"上上下下的几分钟内就能大致了解该项目的重点和特色,如能在几分钟内打动投资人说明已成功了一半。

（四）令人信服

创业计划在内容表达方面应注意运用比较中性的语言，客观地描述计划中所涉及的内容，避免使用过于夸张的、广告性的语言和带有主观倾向性的分析和评论。有关数据、产品等最好用图表或图片的形式直观地呈现出来，数据一定要详细、真实、有出处，并提供佐证。

（五）通俗易懂

在创业计划书的编写过程中，不应该对技术或工艺进行过于专业化的描述或过于复杂的分析，而应简单明了、深入浅出，并在附录中对必须引用的专业术语及特殊概念给予必要的解释和说明。

（六）风格统一

创业计划书的编写，如果是由多人协作完成的，最后应由一人统一修订成文，力求创业计划书的风格统一，同时对计划中引用数据的来源给予明确的记录，并标明出处。

三、创业计划书的内容

（一）创业的种类

包括你所创办企业的名称、组织形态、创业的项目或主要产品名称等，这是创业计划书最基本的内容。

（二）资金规划

创业的资金来源，应包括个人与他人出资金额、银行贷款数额等，这决定了企业以后的股份与红利分配。另外，还应该清楚地记载整个创业计划的资金总额的分配比例。如果要以创业计划书来申请贷款，应同时说明贷款的用途。

（三）阶段目标

阶段目标是指创业后的短期目标、中期目标与长期目标，主要是让创业者明了自己企业发展的可能性与各个阶段的目标。

（四）财务预估

创业计划书要详细记录预估的收入与支出，最好可以列述企业成立后3—5年内每一年预估的营业收入与支出费用的明细表。这些预估数字可以让创业者准确地计算利润，并对何时能达到收支平衡更加明了。

（五）营销策略

所谓的营销策略就是了解服务市场或产品市场、销售方式及竞争条件，主要目的是找出市场的定位。

（六）可能风险评估

在创业过程中,创业者会遇到风险,这些风险有可能导致创业失败,因此,可能风险评估是创业计划书中不可缺少的一项。

四、创业计划书的撰写技巧

（一）计划摘要要写出特色

创业计划书中的计划摘要十分重要,是创业计划书的浓缩和精华,涵盖了创业计划的要点和核心内容。计划摘要是创业者所写的最后一部分内容,但却是出资者首先要看的内容。它将从计划中摘录出与筹集资金最相关的细节,包括公司内部的基本情况、公司的能力和局限性、公司的竞争对手、营销和财务战略、公司的管理队伍等。

因此,计划摘要既要简明生动地勾画出项目的全貌,又要突出项目的重点;既要讲清项目的先进性和可行性,又要讲清项目的商业价值和高回报性;既能看清项目的发展脉络,又能让人感受到项目实施团队的能力和作用;既能看到项目已经具备的相关优势,又能明了需要的帮助和支持的方向、目标和作用,从而阅读者留下深刻的印象。

资料卡

摘要范例

勉志深度教育是一家致力于解决小学生学习困难问题的专业教育企业。本公司的法定形式为有限责任公司,公司总部位于重庆市沙坪坝区,占地面积 300 平方米,注册资金为 100 万元。

公司的主要目标市场为小学学习困难群体。学习困难是指智力正常,且在正常的学习环境下表现出在听、说、读、写、数学运算能力和行为等方面显著困难。勉志深度教育志在改善这一状况,秉着"提优补缺,专注成长,引领未来"的宗旨,以"为打造专业化教育品牌而不懈努力"为使命,并与重庆师范大学特殊教育学院建立长期的战略伙伴关系,通过准确的学困识别体系、科学的 IEP 设计和合理的教学方法帮助学习困难学生提高学习能力、发挥潜力。

本公司介入的市场为家教细分市场下学困专业教育空白市场,发展前景广阔。本公司依托重庆师范大学特殊教育学院的科研实力,采用科学的测量方法和定制的课程设计,为广大学困小学生提供专业的、个性的、有效的教育产品和服务,实现小学学困生的学习能力改进和平衡发展。公司针对未来可能遇到的产品创新周期长、师资成本高和渠道单一等问题,设计了有针对性的风险管控机制和对策,有效地规避了风险,确保资本投入的安全性和预期效果实现。依照财力分析,公司在正常发展环境下,投资收回成本约为 4 年,合理的退出机制有效地保障了风险资本的顺利退出,实现了投资者和创业者的双赢。

（二）要从潜在投资者的角度构思创业计划

要从潜在投资者的角度构思创业计划，就是说要进行换位思考。特别是创业计划书是国际通行的融资文件，理解创业计划书的内涵将使创业者在融资操作方法上适应国际惯例，掌握国际资本市场的内在规律，合理设计自身的发展战略。事实上，一份好的创业计划书可以帮助投资者发现具有投资价值和发展潜力的创业项目与创业企业，可以在投资者和创业者之间搭建起沟通的桥梁。这对于创业企业获得风险投资的支持是非常重要的。

从潜在投资者的角度构思创业计划，还有 3 个非常重要的问题：一是表明你的行动方针，二是展示你的管理团队，三是点燃未来的曙光。

1. 表明你的行动方针

在创业计划书中，不仅应该讲清企业如何设计生产线、如何组装产品、需要哪些原料，更重要的，风险投资人最想看的是，你将怎样组织和指挥你的团队实现既定方针与目标。

2. 展示你的管理队伍

把一个创业设想转化为一个成功的创业企业，其最关键的是：要让投资者感觉到"这是一支能一直杀入世界杯的球队"！因此，在创业计划书中，应明确指出你这个团队的人才结构特点、优势、潜能，以及在特殊条件下战斗的实战能力。

3. 点燃未来的曙光

就是要展示创业企业未来的前景。要抓住 3 个重点展示"曙光"：首先，要展示创业企业未来的发展态势，叫人们体味到曙光；其次，要显示创业企业未来盈利的计算依据，叫人们感受到曙光；最后，要安排出创业企业未来股东撤股的设想和时机，叫风险投资人预见到曙光。这样，就会给自己、给别人以信心和力量。

（三）要在竞争环境下展示产品或技术的特点

创业者应仔细分析竞争对手的情况，要讲清你将采取什么样的方法和战略战胜竞争对手。只有这样，风险投资人才能从你的创业计划书中看到希望、看到力量、看到竞争能力和竞争实力，才敢给你做风险投资，支持你创业。

五、创业计划书的格式

创业计划书通常没有固定不变的格式，最好是根据创业公司的特点编制适合自己的创业计划书。

创业计划书一般由封面、目录、摘要、企业概述、产品（服务）介绍、市场预测与分析、竞争分析、财务分析、风险分析、附录和封底等构成。

（一）封面

封面的设计要符合审美观，要有艺术性。一个好的封面会使投资者产生好感，形成良好的第一印象。

为了使外观具有吸引力,需要加上一个外封面,纸质要坚硬耐磨,最好使用彩色纸,颜色不要过于耀眼,也可以使用透明胶片。设计创业计划书的封面,应将有关信息在此标明,如图6-2所示。

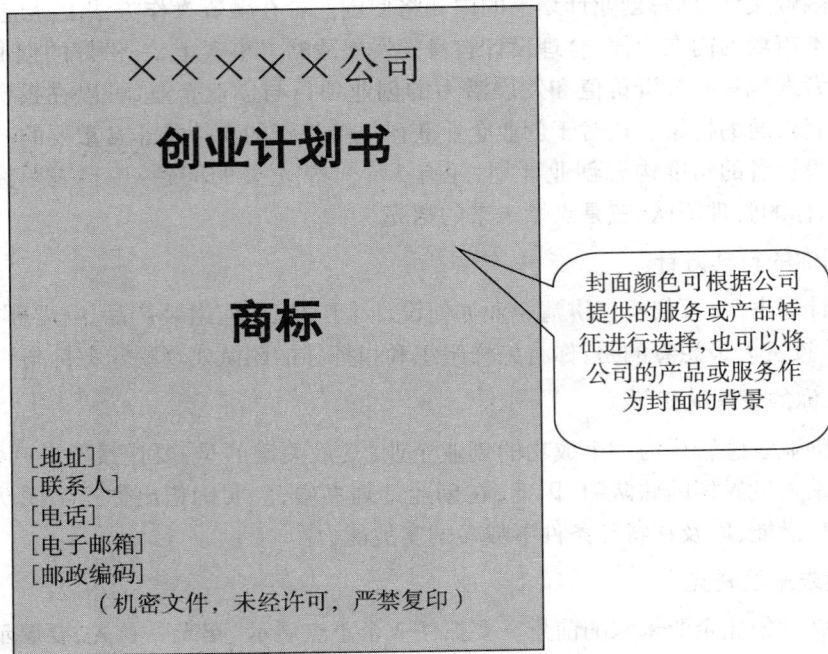

×××××公司

创业计划书

商标

封面颜色可根据公司提供的服务或产品特征进行选择,也可以将公司的产品或服务作为封面的背景

[地址]
[联系人]
[电话]
[电子邮箱]
[邮政编码]
(机密文件,未经许可,严禁复印)

图6-2 创业计划书封面

(图片来源:王志凤.大学生职业生涯规划与发展[M].北京:高等教育出版社,2016.)

(二)目录

目录帮助创业计划书的撰写者理清思路,避免遗漏重要分析,也可以使阅读者全面地了解创业计划书全貌。目录要列出创业计划书的各个主要内容和准确页码。

(三)摘要

一般来说,摘要是对整个创业计划的浓缩,是整个创业计划的精髓体现。创业者只有真正清晰地、认真地完成创业计划书全文,才能有效提炼出摘要。虽然摘要放在创业计划书的最前面,却是在创业计划书中最后写的一部分。

(四)企业介绍

这部分的目的不是描述整个计划,也不是和摘要重复,而是对公司做出介绍,因而重点是介绍公司的经营理念和如何制定公司的战略目标。公司的经营理念是指公司的远景目标,即如何在承担社会责任的同时,追求和实现自己的经营目标。经营策略是指企业如何生产经营产品或提供服务,如何解决可能遇到的困难,如何招揽关键人才等。经营理念和经营策略取决于公司的战略定位是否清晰。除此之外,概述中应准确表达出企业存在的价值,即能为消费者提供什么新产品、提供什么新服务,为消费者带来什么新的价值。

这部分要让投资者对他们所投资的公司有一个大概的了解。

(五)产品(服务)介绍

这部分应该包括这些内容:产品的概念、性能及特性,主要产品介绍,产品的市场竞争力,产品的研究和开发过程,开发新产品的计划和成本分析,产品的市场前景预测,产品的品牌和专利等。

这部分要让人知道你的产品或服务到底是什么,有什么特色,能给客户带来什么利益。如果产品或服务是创新、独特的,如何使人想买;如果产品或服务并不特别,为什么别人要买。

这部分,创业者要对产品(服务)做出详细的说明,说明既要准确,也要通俗易懂,使不专业的投资者也能看明白。

一般情况下,还要附上产品原型、照片或其他介绍。

资料卡

产品介绍什么?

在创业计划的产品(服务)介绍环节,必须对以下问题做出解释:①顾客希望企业的产品能解决什么问题,顾客能从企业的产品中获得什么好处;②企业的产品与竞争对手的产品相比,有哪些优点和缺点,顾客为什么会选择本企业的产品;③企业为自己产品采取了何种保护措施,企业拥有哪些专利、许可证,或者与已申请专利的厂家达成了哪些协议;④为什么企业的产品定价可以使企业产生足够的利润,为什么用户会大批地购买企业的产品;⑤企业采用何种方式去改进产品的质量、性能,企业对开发新产品有哪些计划等。

资料来源:陈光耀.大学生职业发展与就业指导[M].北京:北京师范大学出版社,2011.

(六)市场预测与分析

市场预测,就是预测你的产品要卖给谁,先界定目标市场在哪里,客户是什么年龄阶段的,是在既有的市场去服务既有的客户,或是在既有的市场去开发新客户,还是在新市场去服务既有客户,或是在新市场去开发新客户。

不同的市场、不同的客户都有不同的营销方式。

在做计划书的时候,要分析真正的客户在哪里,产品对客户有什么样的利益,要用哪种营销方式。

(七)竞争分析

竞争分析可以从 5 个方面入手:谁是最接近的竞争者? 他们的业务如何? 你和他们业务相似的程度? 你从他们那里学到了什么? 你如何做得比他们好?

(八)财务分析

财务分析是对投资机会进行评估的基础,是体现创业者对财务需求的最好预算。它包括收入预算表、资产负债预算表、利润预算表、现金流预算分析和盈亏平衡点分析。企业是否具有成长性,不仅要看前期的定性分析,还要看财务定量分析。创业者要利用销售量的预估和已产生的生产和营运的成本,准备至少3年的收入预估表,其中要重点说明将影响销售目标和盈利的最终实现的几项主要风险;要通过资产负债表反映资产的预期增长情况,通过利润表反映企业的盈利情况;要通过现金流预算和盈亏平衡点分析,表明在阶段性节点企业将会有多少现金、在何时达到平衡点,以及今后将如何逐步发生改变。

(九) 风险分析

在创业计划书中对风险进行分析,就是为了确认投资计划可能伴随的风险,并以数据方式衡量风险对投资计划的影响,目的是向投资者说明风险的应对策略。

具体来说,创业者有义务告诉投资者你的公司在市场、竞争和技术方面都有哪些基本的风险,你准备怎样应对这些风险;在最好和最坏情形下,你的5年计划表现如何,等等。

如果你的风险评估不那么准确,应该估计出你的误差范围到底有多大。如果可能,对你的关键性参数做最好和最坏的设定。

(十) 附录

公司背景资料、公司宣传品、市场研究数据、团队人员简历、个人资产负债表、生活费用预测、信用报告、介绍信、工作描述、租借副本、合同、法律文件,以及其他与创业计划有关的材料,应在计划书后的附录中列出,以备投资者参考。

(十一) 封底

作为创业计划书的结束,可以在此稍做总结和回顾。

六、创业计划书模板

第一部分:封面与目录
封面:××公司创业计划书
公司基本资料
地址:
邮政编码:
电话:
传真:
网址/电子邮箱:
目录
第二部分:正文
摘要:整个计划的概括,文字两三页。
一、公司介绍
1. 公司宗旨

2．公司简介

3．各部门职能和经营目标

4．公司管理：董事会、经营团队、外部支持（外聘人士、会计师事务所/律师事务所/技术支持/行业协会等）

二、技术与产品

1．技术描述及技术持有情况

2．产品状况

主要产品目录（分类、名称、规格、型号、价格等）

产品特性

正在开发/待开发产品简介

研发计划及时间表

知识产权策略

无形资产（商标/知识产权专利等）

3．产品生产

资源及原材料供应（销售行业写进货渠道）

现有生产条件和生产能力

扩建设施、要求及成本，扩建后生产能力

原有主要设备及需要添置的设备

产品标准、质检和生产成本控制

包装与储运

三、市场分析

1．市场规模、市场结构与划分

2．目标市场的设定

3．产品消费群体、消费方式、消费习惯及影响市场的主要信息分析

4．目前公司产品市场状况，产品所处市场发展阶段（空白、新开发/高成长、成熟/饱和），产品排名及品牌状况

5．市场均势预测和市场机会

6．行业政策

四、竞争分析

1．有无行业垄断

2．从市场细分看竞争者市场份额

3．主要竞争对手情况：公司实力、产品情况（种类、价位、特点、包装、营销、市场占有率等）

4．潜在竞争对手情况和市场变化分析

5．公司产品竞争优势

五、市场营销

1．概述营销计划（区域、方式、渠道、预估目标、份额）

2．销售政策的制定

3．销售渠道、方式、营销环节和今后服务

4．主要业务关系状况(代理商/经销商/直销商/零售商/加盟者等)，各级资格认定标准政策(销售量/回款期限/付款方式/应收账款、货运方式/折扣政策等)

5．销售队伍情况及销售福利分配政策

6．促销和市场渗透(方式及安排、预算)

主要促销方式

广告/公关策略、媒体评估

7．产品价格方案

定价依据和价格结构

影响价格变化的因素和对策

8．销售资料统计和销售记录方式，销售周期的计算

9．市场开发规划，销售目标(近期、中期)销售预估(1～3年)销售额、占有率及计算依据

六、投资说明

1．资金需求说明(用量/期限)

2．资金使用计划及进度

3．投资形式(贷款/利率/利率支付条件/转股——普通股、优先股、认股权/对应价格等)

4．资本结构

5．回报/偿还计划

6．资本原负债结构说明(每笔债务的时间/条件/抵押、利息等)

7．投资抵押(是否有抵押、抵押品价值及定价依据、定价凭证)

8．投资担保(是否有抵押/担保者财务报告)

9．吸纳投资后股权结构

10．股权成本

11．投资者介入公司管理的程度说明

12．报告(定期向投资者提供的报告和资金支出预算)

13．杂费支付(是否支付中介人手续费)

七、投资报酬与退出

1．股票上市

2．股权转让

3．股权回购

4．股利

八、风险分析

1．资源(原材料/供应商)风险

2．市场不确定性风险

3．研发风险

4．生产不确定性风险

5．成本控制风险

6．竞争风险

7．政策风险

8．财务风险(应收账款/坏账)

9．管理风险(含人事/人员流动、关键雇员依赖)

10．破产风险

九、管理

1．公司组织结构

2．管理制度及劳动合同

3．人事计划(配备/招聘/培训/考核)

4．管理依据

5．股权分配和认股计划

十、经营预测

增资后3～5年公司销售数量、销售额、毛利率、成长率、投资报酬率预估及计算

十一、财务分析

1．财务分析说明

2．财务数据预测

销售收入预估明细表

费用预估明细表

薪金水平明细表

固定资产明细表

资产负债表

利润及利润分配明细表

现金流量预估表

第三部分：附录

一、附件

1．营业执照副本

2．董事会名单及简历

3．主要经营团队名单及简历

4．专业术语说明

5．专业证书/生产许可证、鉴定证书等

6．注册商标

7．企业形象设计/宣传资料(标志设计、说明书、出版物、包装说明等)

8．简报及报道

9．场地租用证明

10．工艺流程图

11．产品市场成长预测图

二、附表

1．主要产品目录

2．主要客户名单

3．主要供货商及经销商名单

4．主要设备清单

5．市场调查表

6．预估分析表

资料来源：凡禹．创业前三年大全集［M］．北京：新世界出版社，2011．

七、创业计划书范本

悠闲居有限责任公司创业计划书

1．公司介绍

1.1　公司宗旨

在悠闲中放松心情，忘却烦恼，享受快乐人生；

在悠闲中调适心态，感怀真情，感悟人生真谛。

1.2　公司简介

悠闲居有限责任公司是一家集餐饮、休闲、娱乐为一体的综合性服务公司。公司将提供一系列健康时尚的饮料和食品，同时举办各类趣味性活动，帮助顾客排解压力，休憩身心，同时开展面对面的交流，弥补当代青年人过分依赖网络社交方式所造成的远离现实社会的不足，增强人们的语言表达能力和人际沟通水平。不论顾客是"乐天派"还是"严肃派"，不管他们是喜欢置身于热闹的人群中，还是喜欢坐在安静的角落里，都可以找到属于自己的那份快乐！我们希望悠闲居成为青年人在工作学习之余驱赶疲惫、放松心情的聚集地。

1.3　场地与设施

公司非常重视店面的选择。选择店址时我们重点考虑的问题有：①一定不能太偏远且一定要交通便利，店面附近要有方便停车的地方；②周边环境不能太嘈杂，街道干净卫生，环境优美；③根据自身对目标客户群体的定位，以就近原则进行选择。

公司总部设在淮河路步行街附近，同时在XX乡职教基地、大学城区开设分店。

1.4　产品与服务

1.4.1　多样化的餐饮

提供各种有特色、时尚的食品及饮品，其中包括XX市本地和国内、国外具有代表性的各种特色食品、饮品。同时，为会员提供预订服务。

1.4.2　DIY服务

提供DIY服务，顾客可自己选择材料，动手做各种饮品和食品，如水果、沙拉、蛋糕、巧克力等，也可自己动手做小饰品，同时顾客做的小饰品可放在本店进行销售。会员可预订制作食品、饮品、小饰品的原材料。

1.4.3　倾诉服务

聘请专业心理咨询师,开展各类倾诉活动,让顾客的真情实感在优雅宁静的氛围中得到充分的宣泄,缓解其心理压力,调适其心理状态,让其轻松面对工作和学习。

1.4.4　音乐空间

提供各种音乐器材,设置表演舞台,给顾客一个展示才艺的机会。如果顾客愿意组建自己的乐队,本公司将无偿提供器材,但仅限在本公司经营场所范围内使用。

1.4.5　迷你书屋

在享受休闲时光的同时,为顾客提供一些休闲类图书,让其听着优美舒适的音乐,喝着可口的饮品,让自己的身心完全放松。同时,为顾客提供把自己的作品展示给大家的一个平台。优秀的作品,经投票认可,公司将给予一定的物质奖励。

1.4.6　桌面游戏

公司为顾客提供桌面游戏,一方面,可以让顾客游戏娱乐,训练顾客的思考力、记忆力、联想力、判断力;另一方面,也可以依据游戏的成绩,对顾客进行一定的物质奖励。

1.4.7　发泄小屋

设置专门的小屋,提供盘子、橡皮人等道具,供顾客摔打,以舒缓情绪,疏解心情。

1.5　公司组织结构

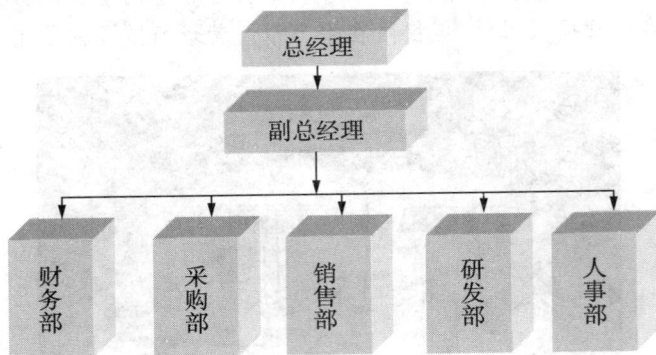

总经理:主要负责制定公司的经营战略和实施策略,协调各方面的管理工作,推行公司的经营理念,使本公司全体员工对此有一致而且是认同的目标。

副总经理:主要负责配合总经理制定本公司发展战略,以及配合各部门策划工作、广告宣传等。

研发部:负责新活动和服务的开发。为公司增加无形资产,全面把握设计趋势及潮流,对设计人员开展常规培训。

市场部：负责公司的市场推广，以及市场信息的收集反馈工作。

人事部：负责公司人事管理工作，制定有效的考评和激励机制，负责对人员的招聘、培训，以及后勤工作。

采购部：负责采购食品、设备及装饰品等。

财务部：对本公司的财务进行管理。

2. 市场分析

2.1　行业背景

近几年来，我国餐饮业快速发展。2010年，我国餐饮业的总收入17 636亿元，同比增长18.0%，占社会消费品零售总额11.4%；2011年，我国餐饮业总收入20 543亿元，同比增长16.9%。商务部发布数据表明，"十二五"期间我国餐饮业保持16%的增长速度。

目前，XX市各种类型的餐饮企业约有5 000家，但大都是纯餐饮经营，集餐饮、休闲与放松为一体的休闲餐饮经营，在XX地区几乎没有。

随着人们生活水平的提高，广大市民休闲意识逐步增强，消费需求旺盛，从而形成了休闲与餐饮业相结合的休闲餐饮业。本公司在这样的大背景下，力求打造一个舒适、优美、宽松的环境，让在喧闹的城市中奔波而感到疲倦的人们得到一个充满音乐、书香，宁静的场所，从而使其身体和精神获得休憩。

2.2　目标市场

我们第一期的连锁店选址为XX市淮河路步行街、XX乡职教城和大学城区。

市场一：位于淮河路步行街附近。选址区附近人流量大，经过该地点的公交路线多达30条。该店的目标客户主要为都市白领和青年学生。他们或是工作压力大或是学习压力大，需要在工作学习之余放松身心，参与休闲活动。另外，我们店内的消费定位为中等消费水平，这对于白领来说自然没有压力，而对学生而言可凭学生证享受一定的折扣，这对暂时没有固定收入的学生也具有较大的吸引力。

市场二：位于XX乡职教基地。该地区较封闭，还处在开发阶段。各校区周围基础设施尚未建设齐全，更不用说娱乐休闲场所。该地区将来有多所大学进驻，学生总数大约有15万。大学附近的娱乐休闲场所本来就比较吃香，再加上这里租金便宜，目标客户集中，方便宣传，竞争对手较少，可以大大降低管理费用和营销费用。

市场三：位于大学城区。该分店较××乡各方面费用会高一点，但可观的消费者数量对公司的发展非常有利。

2.3　竞争分析

经过调查分析，本公司主要竞争对手是各类餐饮店、休闲会所、俱乐部、健身房等，它们大都提供单一的产品和服务，或是餐饮，或是娱乐，或是健身，或是休闲。基于此，本公司将采取集餐饮、休闲与放松于一体的休闲餐饮经营模式，推出个性化、多样化的服务。而且，公司将根据客户的需要提供服务，聘请知名的心理咨询师，用优质的服务吸引顾客，为公司带来良好的口碑，促使创业成功。

经过市场调研，我们了解到，公司3个门店所在位置的休闲娱乐场所不多，而且环境卫生较差，服务比较单调，没有特色。而我公司正是克服了这些缺点，再加上新兴的娱乐项目、经营模式及独特的室内布置，还有针对学生的合理价格，我们相信公司具有较强的市场竞争力。

3. 风险分析及对策

3.1 市场风险及对策

3.1.1 市场风险

市场风险主要是,顾客认可并适应我公司推出的服务和活动需要有一个过程。另外,随着潜在进入者与行业内现有竞争对手的增加,这两种力量将逐步加剧竞争。各公司肯定都会采取更好的服务和价格策略打击对手,因而引起公司产品和服务价格波动,进而影响公司收益。

3.1.2 对策

进一步加强本公司的宣传,提高服务质量,降低成本,提高综合服务竞争力,增强服务适应市场变化的能力;增强市场应变能力,丰富和深化服务;建立一套完善的市场信息网络体系,制定合理的销售价格,增强公司盈利能力;寻求相关产业链同盟的支持;实施品牌战略。

3.2 财务风险及对策

3.2.1 财务风险

公司在发展初期,财务风险主要体现为资金短缺风险,即资金不能满足公司快速发展的需要。公司前期投入主要来自场地租金、装修费用、设施和设备购买的费用及宣传费用等。

3.2.2 对策

加强对公司资金运行情况的监控力度,最大限度地提高资金使用率;实施财务监管和预算制度;聘请高素质人才进行有效的管理。

3.3 管理风险及对策

3.3.1 管理风险

随着公司规模的扩大,公司的组织结构、管理方法和思想可能不适应不断变化的内外环境,公司的自主研发团队所开发的产品和服务也不能跟上消费者需求变化的脚步。

3.3.2 对策

推行目标成本管理,加强成本控制;采取内部培训、外部培训等多种措施,提高管理团队的整体素质;倡导组织创新、思维创新,以适应不断变化的外部环境。

3.4 盈利模式风险及对策

3.4.1 盈利模式风险

悠闲居主要是在节假日和周末有比较可观的收入,在其余的大部分时间,如何吸引更多的顾客来增加收入,也是考虑的重点。

3.4.2 对策

用优质的服务吸引客户,培养公司的忠诚客户群,同时吸引潜在的消费者,以此获得更大的经济效益。另外,还要加强新型产品和服务的延伸,以扩大市场。

4. 市场与销售

4.1 市场开拓

公司将采取会员制、VIP服务、市场营销、网络推销等方式来促进店面运营。与此同时,我们将通过杂志、报纸、海报、网络、自印宣传单、与社团联谊等方式,开拓市场业务。

4.2 营销策略

① 开业首日开展各种优惠折扣活动。

② 在节日开展系列主题活动。

③ 通过网络进行宣传,如投递电子版宣传册或在各种热门网站刊登广告等。

④ 对于桌面游戏,提供新手入门指导服务。

⑤ 自主开发新食品、饮品、服务、活动。

⑥ 设置消费者反馈系统,提高公司服务水平,切实做到"顾客是上帝"。

⑦ 针对老顾客定期给予馈赠,表达我们对其支持的感谢,同时推进顾客由新变老的转变。

⑧ 针对学生开展夏令营活动,针对白领开展系列沙龙活动。

4.3　定价策略

公司的定价根据类似餐饮、休闲、娱乐服务的市场价格、客户价值、成本和毛利目标来确定。

4.3.1　基本价格

A. 餐饮和 DIY 人均消费 45 元左右。

B. 各项服务价格如下表所示。

元

	周一到周五		周六到周日	
	普通价	会员价	普通价	会员价
心理辅导	180	160	200	180
桌面游戏	周一到周四		周五		周六		周日	
	普通价	会员价	普通价	会员价	普通价	会员价	普通价	会员价
23:00~8:00	8	5	10	8	10	8	10	8
8:00~12:00	10	8	12	10	15	12	15	12
12:00~18:00	24	15	30	24	30	24	30	24
18:00~23:00	32	20	40	32	40	32	40	32
发泄小屋	普通价	会员价	普通价	会员价	普通价	会员价	普通价	会员价
8:00~12:00	35	30	40	35	40	35	40	35
13:00~00:00	40	35	45	40	50	40	50	40

说明:

① 音乐空间针对学生。

② 心理辅导、桌面游戏按小时收费,发泄小屋按 15 分钟收费。

③ 生日当天持本人身份证打 5 折并赠送精美小礼品一份,其他人 8.5 折。

④ 付款方式:个人付款可直接到吧台交纳,会员持充值会员卡持卡消费,只需每次到吧台刷卡一次。

C. 夏令营:平均 1 500 元/人左右,时间为 1 周左右,一个月两期。

4.4　市场联络

为了让顾客了解本公司的服务和活动,根据不同群体信息来源,我们决定采取以下方式。

对象	方式	媒 介	具体措施
学生	网络	各学校百度贴吧、校内网、腾讯QQ、飞信等	发帖介绍本公司各项服务和活动;创建公司讨论组、QQ群;创建本公司主页
	宣传单	各校内外及周边地区等	分发宣传单、小册子,并予以优惠券等
	海报	学校宣传栏等可贴地带	制作精美、有个性、有特色的海报并张贴
	赞助学生活动	校级、院级主办的比赛和活动,以及社团活动	为比赛活动提供经费,并以店名冠名;为比赛提供优惠券、会员卡等作为奖品
白领	电视广播	电视台、公交车视频等	制作小段视频展示公司服务活动
	报纸	晚报、日报	登广告做店面介绍
	网络	各热门网站	登广告、发帖介绍本公司
	宣传单	白领聚居区、大型商场、酒吧、KTV、高级休闲场所等	分发宣传单、小册子,并予以优惠券等。

5. 财务分析

5.1 投资结构表

公司投资结构表,如下表所示。

序 号	项目名称	投资金额/元		
1	固定资产	数量	单价	合计
(1)	餐桌	400	100	40 000
(2)	餐椅	1 000	60	60 000
(3)	其他设备	100 000		
(4)	初始装修费	240 000		
2	无形资产	410 000		
	小计	850 000		
3	流动资产	2 591 400		
4	初始投资	3 441 400		

5.2 成本计算

预计年运营收入约为 5 131 680 元、固定资产金额 440 000 元、房屋租金(年付) 1 104 000元。预计固定资产使用 5 年,固定资产折旧采用平均年限法计算(7、8月除外)。每月运营成本构成如下表所示。

成本项目	金额/元	合计金额/元
设备折旧	7 333.33	7 333.33
库存商品	16 500	16 500

（续表）

成本项目	金额/元	合计金额/元
摊销费用	6 833.33	6 833.33
水电费	9 000	9 000
人员工资	79 200	79 200
房屋租金	92 000	92 000
营业费	16 666.67	16 666.67
合　计	227 533.33	227 533.33

5.3　销售额

公司销售额预测见下表。

元

项　目	地　区	
	××市	××乡职教城、大学城
	销售额	
餐饮、DIY、小饰品	周六、周日顾客达 300 人次/日,周一到周五为 150 人次/日,则周销售额为 (300 × 2 + 150 × 5) × 45 = 60 750,月销售额为 24 3000	周六、周日顾客达 250 人次/日,周一到周五为 100 人次/日,人均消费 20 元,则周销售额为 (250 × 2 + 100 × 5) × 20 = 20 000,月销售额为 80 000
心理咨询	每周 8 人,每人 1.5 小时,人均 180 元/时,则周销售额为 2 160 元,月销售额为 8 640	每周 15 人,每人 1.5 小时,人均 20 元/时,则周销售额为 450,月销售额为 1 800
桌面游戏	周六、周日顾客达 100 人次/日,周一到周五 50 人次/日,则周销售额为 10 800元,月销售额为 43 200	周六、周日顾客达 100 人次/日,周一到周五 20 人/日,则周销售额为 9 000,月销售额为 36 000
发泄小屋	周六、周日顾客达 30 人次/日,周一到周五为 15 人次/日,则周销售额为 5 400,月销售额为 21 600	周六、周日顾客达 40 人次/日,周一到周五为 25 人次/日,则周销售额为 8 200,月销售额为 32 800
月总营业额	316 440	150 600
营业额年增长率	4%	4%

说明:

① 初始装修费用中40%为固定资产,60%作为待摊费用,末期无残值,因此初始装修费的年折扣旧额为:装修费用 × 40% ÷ 5;每年的摊销额为:待摊费用 × 60% ÷ 5。

② 根据国家优惠政策,公司前 3 年的借款不收取利息。

5.4　利润表

利润表　　　　　　　　　　元

一、营业收入	5 131 680
减:营业成本	1 352 000
税金及附加	157 550

（续表）

销售费用	200 000
管理费用	1 058 400
二、营业利润	2 363 730
三、利润总额	2 363 730
减：所得税费用	590 933
四、净利润	1 772 797

5.5 资产负债表

资产负债表

编制单位：悠闲居有限责任公司　　　　2012 年 12 月 31 日　　　　　　　　元

资　产	期初数	期末数	负　债	期初数	期末数
流动资产			流动负债		
现金	9 000	9 000	短期借款	500 000	500 000
银行存款	2 421 000	4 563 797	流动负债合计	500 000	500 000
存货	220 000	22 000	非流动负债		
流动资产合计	2 650 000	4 594 797	长期借款	1 000 000	1 000 000
非流动资产			非流动负债合计	1 000 000	1 000 000
固定资产	440 000	440 000	负债合计	1 500 000	1 500 000
减：累计折旧		88 000	所有者权益		
无形资产	410 000	410 000	实收资本	2 000 000	2 000 000
减：累计摊销		84 000	未分配利润		1 772 797
非流动资产合计	850 000	678 000	所有者权益合计	20 000 000	3 772 797
资产合计	3 500 000	5 272 797	负债及所有者权益合计	3 500 000	5 272 797

资产负债表各个项目预测方法。

① 由于不需要建厂，且店面通过经营租赁的方法取得，所以固定资产仅为初始装修时置办的家具、装饰品、厨房用品及每年年末购置的各个设备、设施，折旧期限为 5 年。

② 公司与出租房主签订合约，取得房屋的租赁权，这里假设公司在每年年初先提交租金，租赁权的价值为每年的租金，租赁权确认为无形资产。

③ 存货为经营过程中所购进的原材料、库存商品、周转材料和生产成本等，在经营过程中费用化为主营业务成本。

④ 应收账款。经营过程中全部为现金交易，不允许赊账，所以此项为 0。

⑤ 现金费用。经营过程中需要有足够的现金为每天预期消费找零，假设第一年××市现金余额为 5 000 元，××乡职教城、大学城现金余额为 4 000 元。随着业务的增长和营业额的增长，现金余额同比增长。

⑥ 应付账款：应付账款＝付现成本×应付账款回收期÷360，其中应付账款回收期为 15 天。

5.6 现金流量表预测

现金流量表

编制单位：悠闲居有限责任公司　　年度：2012年　　　　　　　　　　　　　　　　　　　　　元

项目	月份\金额	一月	二月	三月	四月	五月	六月	七月	八月	九月	十月	十一月	十二月	合计
现金流入	月初现金	9 000	−821 606	−548 212	−274 818	−1 424	271 970	551 650	861 330	1 351 934	1 171 010	1 450 690	1 730 370	
	现金销售收入	412 640	412 640	412 640	412 640	412 640	412 640	412 640	412 640	412 640	412 640	412 640	412 640	4 951 680
	举办夏令营收入							90 000	90 000					180 000
	可支配现金（A）	421 640	−408 966	−135 572	137 822	411 216	684 610	1 054 290	1 363 970	1 764 574	1 583 650	1 863 330	2 143 010	
现金流出	员工工资	79 200	79 200	79 200	79 200	79 200	79 200	79 200	79 200	79 200	79 200	79 200	79 200	950 400
	租金	1 104 000												1 104 000
	现金采购支出	22 000	22 000	22 000	22 000	22 000	15 714	15 714	15 714	15 714	15 714	15 714	15 716	220 000
	举办夏令营营业支出							60 000	60 000					120 000
	营业费	16 667	16 667	16 667	16 667	16 667	16 667	16 667	16 667	16 667	16 667	16 667	16 663	200 000
	水电费	9 000	9 000	9 000	9 000	9 000	9 000	9 000	9 000	9 000	9 000	9 000	9 000	108 000
	税金	12 379	12 379	12 379	12 379	12 379	12 379	12 379	12 379	12 379	12 379	12 379	12 381	148 550
	现金总支出（B）	1 243 246	139 246	139 246	139 246	139 246	139 260	139 260	139 260	139 260	139 260	139 260	147 134	
月底现金（A−B）		−821 606	−548 212	−274 818	−1 424	271 970	551 650	861 330	1 351 934	1 171 010	1 450 690	1 730 370	1 995 876	

5.7 收益预测表

随着经济的发展和人们生活水平的提高,更多的人,尤其是青年人注重追求休闲娱乐。在这个大背景下相信悠闲居很快就能在市场上站住脚,再加上悠闲居自身的成长和发展,以及市场对"悠闲居"品牌的认知,公司会稳步发展。

公司收益预测年表如下表所示。

收益预测表(年表)

年 份	2012	2013	2014	2015	2016
净利润/元	1 772 797	2 636 398	3 954 597	5 931 896	8 897 844

5.8 筹资来源

	日 期	金额/元	权益比率	资金来源
自由储备金第一期	2012 年 1 月	2 000 000	57%	创办人
	2012 年 1 月	1 000 000	29%	风险投资
	2012 年 1 月	500 000	14%	银行贷款

6. 公司发展战略

6.1 公司战略

餐饮绿色健康多样化战略:严格保证食品卫生,把好质量关,让顾客吃得放心,吃得舒心;提供国外食品订购服务,DIY 服务。

更新与服务多样性战略:不断开发和引进新的活动和服务,始终保持公司的竞争力。

文化普及战略:在发展初期广泛宣传我公司的文化,提升公司的知名度,以及在消费者心中树立公司的地位。

资本运营战略:最有效地利用资本,使之产生最大的效益。

6.2 未来规划

第一期:2012—2017 年,本公司的文化广泛传播,发展入门级客户,培养忠实消费者。

第二期:从 2017 年起实施扩张政策,在全省各地开设分店,力争使公司成为 XX 地区休闲娱乐综合性场所的主要市场领导者。

资料来源:王志凤.大学生职业生涯规划与发展[M].北京:高等教育出版社,2016.

任务三 实施创业计划

一件事情,只要有四成把握就要去做了,否则,机会将不再是机会!!!

——马云

　　创业计划只是纸上的蓝图,要付诸实施,还有大量实际工作要做,如选址、租房,落实启动资金,办理登记注册手续,店面新修及接通水电,准备办公用品、机器设备,购买生产资料/商品等,招聘、培训员工,宣传企业,办理各种保险等。下面重点介绍基本的商业知识,如怎样申请开业登记,怎样进行银行开户等。

　　2016年5月23日,《国务院关于印发2016年推进简政放权放管结合优化服务改革工作要点的通知》(国发〔2016〕30号)要求,全面实行企业"五证合一"登记制度。2016年6月30日,《国务院办公厅关于加快推进"五证合一、一照一码"登记制度改革的通知》(国办发〔2016〕53号)下发,明确要求从2016年10月1日起实施"五证合一"登记改革。"5证合一"即营业执照、组织机构代码证、税务登记证、社会保险登记证、统计登记证5个证(如图6-3所示)合为一个证,即营业执照。"一照一码"就是一个营业执照,一个代码,如图6-4所示。

图6-3　合并前的五证

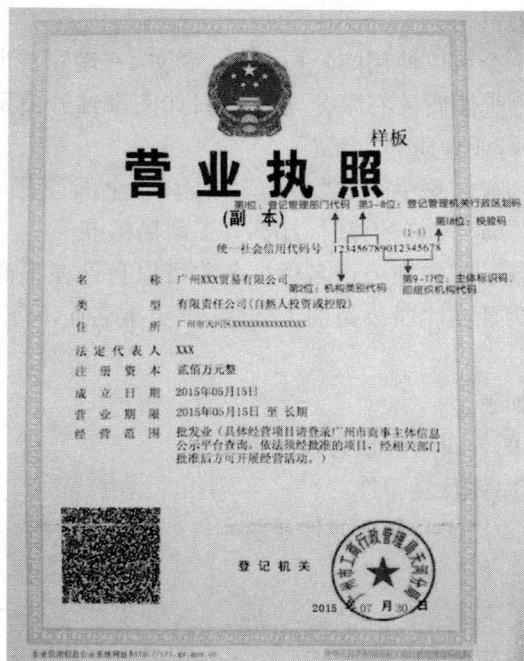

图6-4　五证合一后的营业执照

119

一、企业的登记注册

企业登记注册,是确认企业的法人资格或营业资格,是企业在法律上成立的法定程序,即企业依照有关法律、行政规章,履行登记手续,经工商行政管理机关核准登记,取得法人资格或营业资格的过程。企业登记注册包括企业法人登记和营业登记。

企业法人登记是登记注册主管机关依照法定程序,对具备法人条件的企业确认其企业法人资格所进行的核准登记。营业登记是对不具备法人条件,但有条件进行经营活动的单位(如合伙联营企业;企业法人的下属经营机构;学校、科研机构兴办的不具法人资格,但对外营业的招待所、印刷厂等)确认其合法经营资格进行核准登记。

我国国家授权的登记注册机关是国家工商行政管理局和地方各级工商行政管理局。企业登记注册的一般程序如图6-5所示。

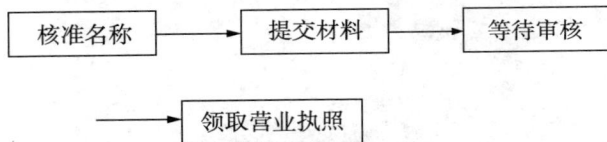

图6-5 企业登记注册的一般程序

(一)核准企业名称

注册一个公司要有一个可以使用的公司名称。例如,在南京注册公司,南京要求公司按照"行政区划 + 字号 + 行业性质 + 有限公司"命名,如南京红升商贸有限公司,行政区划为"南京",字号为"红升",行业性质为"商贸"。

名称不含行政区划的或名称中含有"中国""中华""全国""国际"等字样的,须报国家工商总局核准;名称含"江苏"字样的,须报江苏省工商局核准。

公司注册的第一步就是要核准公司名称。名称可以自己在工商局网站上核准,也可以到工商局现场核准。因为现在注册公司的人较多,难免重名而不能注册,所以,要尽量多想一些公司名称备用。

核准名称所需材料如下。

① 由全体股东签名的公司名称预先核准申请书。

② 全体股东身份证原件及复印件。

③ 全体股东授权的委托人身份证原件及复印件。

(二)提交材料

登记注册所需的资料如下。

① 法定代表人身份证原件,全体股东身份证复印件。

② 各股东间股权分配情况。

③ 名称核准通知书原件。

④ 公司的经营范围(国家专营专控的行业需要提供批文)。

⑤ 公司住所的租赁合同(租期一年以上)一式二份及相关产权证明(非住宅)。

⑥ 如果公司为生产型企业,必须提供公安局消防科的消防验收许可证。

市场监管登记窗口收到申请人的申请资料后,经审核,申请资料齐全并符合法定形式的,应向申请人出具"五证合一"受理通知书,并及时将相关申请信息输入企业注册登记系统,进入联合审批流程;申请资料不齐全的,市场监管登记窗口应当场一次性告知申请人需要补全的全部内容,并出具补办通知书。同时,综合窗口对受理的相关资料进行拍照或扫描,并及时传至平台。

(三)等待审核

市场监管登记窗口在承诺时间(内资 2 个工作日,外资 3 个工作日)内完成营业执照审批手续后,将申请资料和营业执照信息传至平台。

质监窗口收到平台推送申请资料和营业执照信息后,要在 0.5 个工作日内办理组织机构代码登记手续,并将组织机构代码发送至平台。

国税、地税、统计和人力社保等部门窗口收到平台推送的申请资料、营业执照和组织机构代码信息后,要在 0.5 个工作日内分别办理税务登记证、统计登记证和社会保险登记证相关手续,并分别将税务登记证号、统计登记证号、社会保险登记证号发送至平台。

综合窗口收到各相关部门核准(或确认)登记信息后,在"五证合一"系统平台上打印出载有注册号、组织机构代码、税务登记证号、社会保险登记证号和统计登记证号的营业执照。

(四)领取营业执照

申请人凭"五证合一"受理通知书或有效证件到综合窗口领取"五证合一"营业执照。申请资料原件由市场监管部门保存,在申请人需要向有关部门提交资料原件时,可向市场监管部门查询、复印。

(五)刻章

需要资料如下。

① 营业执照副本原件及复印件。

② 法人身份证原件及复印件。

③ 经办人身份证原件及复印件。

到公安局指定公章刻制企业刻制公章、财务章、发票专用章、合同专用章等印章。

二、银行开户

银行作为最基本的金融中介,在企业的投资和融资以及结算过程中发挥着不可替代的作用。企业作为一个经济实体,作为资金的需求者或盈余单位,也不可避免地要和银行打交道。如果企业有着良好的声誉,并且和银行有着良好的信用关系,就能够以较低的成本筹集到大量资金。因此,企业应该清楚银行开户和结算的相关程序。

（一）银行账户与开户银行

银行账户是指各单位办理存款、贷款、结算,以及现金收付而在银行开立的户头。

根据国务院的规定,各单位之间的经济往来,除按照现金管理办法规定可按现金交易外,其他较大的交易往来,都必须通过银行办理转账结算。开立存款账户是与银行建立往来关系的基础,只有在银行开有账户,才能委托银行办理各种资金往来业务。

我国的金融机构主要有中国工商银行、中国农业银行、中国银行、中国建设银行、中国交通银行和中外合资银行,以及各种地方银行及各种非金融机构,如信用社、信托投资公司等。

（二）银行账户的种类及适用范围

银行账户分为三大类:基本账户、专用账户和辅助账户。

1. 基本账户

基本账户是各企业日常办理转账资金收付和办理现金收付的账户。基本账户可以方便企业加强资金管理,全面、准确地反映企业的经营活动。一个企业在银行只能开设一个基本账户。

2. 专用账户

专用账户是指为加强资金管理,对各单位的专用资金所开设的账户,包括专用基金存款户、贷款账户及其他种类的专用资金账户等。专用基金,主要指更新改造基金、大修理基金、职工福利基金等,各单位的各种专用基金,一般应合并开立一个专用基金账户;贷款账户,是指借款单位向银行贷款时必须开立的账户,用以记载、反映和监督银行贷款的使用情况;其他种类的专用资金账户,是为了满足各单位资金管理的需要而设置的其他账户。

3. 辅助账户

辅助账户是指开设基本账户的单位所属的非独立核算单位,因距离主管单位较远,向其基本账户的开户银行办理资金收付有困难时,经银行同意开立的账户。辅助账户是基本账户的延伸和补充。辅助账户除与主管单位的基本账户发生资金收支外,一般只收不付或只付不收。只收不付辅助账户的存款余额,由所属单位定期自行划转基本账户;只付不收辅助账户所需资金,由主管单位定期自行从基本账户拨入。

（三）开立银行账户的程序

开立银行账户的程序包括以下几个步骤。

1)提交有关开户证明。各类工商企业,必须向银行提交其主管部门出具的证明和工商行政管理部门发给的营业执照(五证合一的)正副本、法人身份证和法人印章,如果企业在银行的印鉴卡片上不打算留法人印章,可以不提交印章,由单位发一份公涵即可。上述证明文件经银行审查同意后,由银行发给开户申请书。

2)填写开户申请书。按照要求,开户申请书要填写开户单位名称、单位性质及级别、上级主管机关、工商行政管理部门批文号、单位地址、电话、资金来源和运用情况、生产经营范围等。申请书由单位盖章后交由银行审查。

3）填写印鉴卡片。印鉴是开户单位委托银行从自己的账户中支付款项时，留给银行核对鉴定支付款项凭证印章的底样。银行在为单位办理结算业务时，应核对印鉴卡片上预留的印鉴，以保障开户单位的存款安全。印鉴卡片应该有开户单位公章或财务专用章、法人印章等。由开户单位决定留单位公章还是财务专用章，以及是否留法人印章。以后办理业务必须携带留在印鉴卡上的印章方可办理。经办人要提交身份证。开户单位由于人事变动或其他原因，要求更换印鉴时，应重新填写印鉴卡片，并由开户行注销原卡片上预留的印鉴。单位预留印鉴中的财务章，必须与账户全称一致，印章的字体用隶书或楷书为好，以便银行鉴别真伪。

4）获得银行编发账户。开户行将开户单位的材料提交人民银行审核，至少3个工作日后，人民银行审批通过则发放基本账户开户许可证，并设立开户单位的账户，即为账户代号，由银行根据单位的行政隶属关系、资金性质、指定使用相应的科目，并加上开户单位的顺序号组成。一个企业在银行只有一个基本账户，如果要开设其他账户必须出具开户许可证。开设其他账户速度较快。

5）确定账户的使用方法。银行设立的账户，从使用方法上分为支票户和存折户。支票户是指使用银行支票办理现金支取、转账付款业务的账户。开立这种账户要求收付款业务频繁且数额较大、财务制度和财会人员健全等。同时还要经银行的严格审查，银行同意后，由银行售给开户单位支票及其他结算凭证后才能使用这种账户。存折账户是指在开立账户后，由银行发给开户单位一个存折，业务发生时，不论存取现金还是转账收付，都要凭存折办理。此账户适用于账面余额小、业务发生少、缺少专职财会人员的单位和个体经营户。

6）缴存开户款项。开户申请获准后，开户单位应到银行缴存一定数额的资金。通常，第一笔资金应以转账的形式存入，开户单位应持上级主管部门或集资单位的转账支票。个体经营户可持现金开户。

7）领购业务凭证。单位开户后，为了能使用银行账户办理业务，开户单位要向银行购买各种业务所需的凭证，如现金存款凭证、进账单、信汇凭证、电汇凭证、转账支票等。

三、税务登记与纳税

税务登记是企业创立的必经环节之一。依法办理纳税的相关登记手续，是纳税人依法履行纳税义务的基本前提，也是纳税人合法经营的前提。

（一）开业登记

"五证合一"后，不需要进行专门税务登记。但企业领取"五证合一"营业执照后，应及时到主管地税机关咨询、办理领取发票、申报纳税、相关资格认定等事宜。企业第一次到主管地税机关办理涉税事宜时，办税服务厅人员会提取企业登记信息导入综合征管系统。对于工商登记已采集信息，地税机关不再重复采集；其他必要基础信息，由办税服务厅补充采集，企业需要按照原有规定提供相关纸质资料，补录完成后，窗口人员打印税务登记表免填单，由企业确认签字后收回，纸质资料不再留存，直接返给企业。完整的设立登记信息由地税机关通过国地税信息共享平台传递给国税机关使用，企业不用再向国税机关补充提供相关登记信息。

（二）账簿和凭证管理

账簿和凭证是反映企业生产经营状况的重要资料,也是企业据以纳税的依据。为了保障账簿和凭证的真实性、完整性、时效性,新设立的企业应该在领取营业执照之日起 15 日内按照规定设置总账、明细账、日记账及其他辅助性账簿,其中,总账、日记账必须采用订本式,根据合法有效的凭证进行核算;企业的会计制度或财务、会计处理办法,应当报送税务机关备案。

企业必须按照国务院财政、税务主管部门规定的保管期限保管账簿、记载凭证、完税凭证及其他有关资料。账簿、记载凭证、完税凭证及其他有关资料不得伪造或擅自销毁。

（三）纳税申报与依法纳税

纳税申报是纳税人和扣缴义务人履行纳税义务和扣缴义务,就有关事项向税务机关进行书面申报的一项制度。

根据规定,纳税人和扣缴义务人在发生纳税义务和代扣代缴、代收代缴义务后,必须在规定的申报期限内,依照法律、行政法规,到规定的税务机关,或通过有关形式,办理纳税申报。纳税人应报送纳税报表、财务报表,以及税务机关要求报送的其他纳税资料;扣缴义务人应报送代扣代缴、代收代缴税款报表,以及税务机关要求报送的其他相关资料;纳税人和扣缴义务人不能按期办理申报的,经税务机关核准,可以延期申报。

项目实践

项目实践一　制定创业计划书

寻找一个创业项目,制定一份创业计划书。

要求及注意事项如下。

1. 创业计划书的主要内容如下。

① 企业概况。

② 创业者的个人或团队情况。

③ 市场评估。

④ 营销计划。

⑤ 企业组织结构。

⑥ 风险评估及对策。

⑦ 财务计划,包括固定资产、流动资金、收入预测(不少于 12 个月)、成本预测、现金流量计划(第一年要按月,后两年可以按年做)。

2. 格式参见任务二的"六、创业计划书模板"和"七、创业计划书范本"。

项目实践二　调查个体工商户

调查南京地区个体工商户登记注册和税收登记的流程和所需要的资料。

项目七

了解财务知识

项目七

项目目标

1. 了解财务常识，做好财务管理。
2. 看懂财务报表，了解财务状况。
3. 学会现金管理，防止资金链断裂。

导学案例　　**现金流是初创企业的生命线**

　　刘忠实是一位从宁夏六盘山深处走出来的创业青年。20 岁时，几乎身无分文的刘忠实来到宁夏银川投奔一位亲属，他的这位亲属经营着一家建筑装饰构件企业。刘忠实是个有心人，他从小工干起，一边干活一边学技术，从小就心灵手巧、善于学习的刘忠实很快就成长为一个技术能手。他不但掌握了建筑构件的生产技术，而且有了一定的新产品设计研发能力。

　　几年后，虽然亲属的企业因经营不善而倒闭了，但早已在业界小有名气的刘忠实很快被银川最大的一家同行企业高薪聘用了。在新的企业里，刘忠实不但继续发挥好一个技术能手的作用，还努力学习销售工作的技巧，没几年工夫，他就已经成为企业里主管销售工作的副总经理，企业的主要销售业绩都是由他创造的。随着刘忠实在企业的贡献越来越大，地位越来越重要，企业的老板非但没有给予他相应的待遇和回报，反而开始防范他，并开始对他的工作处处掣肘。在巨大的压力下，他并没有轻易地离开企业，而是继续努力地工作，希望能够得到老板的认可、支持和理解。可是，他的努力并没有取得成效，终于在一次老板严重克扣他应得的销售提成后，他愤然地离开了那家企业。在他离开后不久，那家企业中的好几名业务骨干也相继离开了。

　　刘忠实离开那家企业的时候几乎是净身出户，很多应得的报酬都被企业克扣了。刘忠实下定决心创办企业，开始自己的创业之路。可创业之初的刘忠实并没有资金建厂生产产品，他依靠自己过硬的设计能力和技术水平，利用自己多年来在客户中间建立起来的良好形象和口碑，从给别人的工程项目提供技术指导收取指导费开始做自己的业务。由于刘忠实设计新颖、技术高超、价格不高、服务周到，他很快接到了不少技术指导的活。一年的时间里，刘忠实就通过技术指导的收益积攒了创办企业所需要的几十万元的原始资本。终于，他投资建立了自己的建筑装饰 GRC 构件厂。

有了自己的企业,刘忠实的干劲更足了,他全力以赴地投入到研发产品、指导生产、市场销售中。在企业刚投产的头一年中,他几乎没有休息过一天,每天就睡四五个小时。在刘忠实这种忘我的努力下,他那个名不见经传的小企业很快成长为宁夏同行业企业中的佼佼者,短短的两年多时间,企业销售额从零跃升到了 500 多万元。更由于他超强的新产品、新工艺的研发能力,企业的平均利润率也远远超过了本地的其他同类企业。

刘忠实企业的业务是建筑构件的生产和安装工程,根据市场惯例,这种业务一般客户都会要求企业垫款生产施工,工程款分期支付,完工后一定时间内才能付清全款。一开始刘忠实并没有特别重视回款的工作,他认为,与其把精力放在回款工作上,不如努力去接新的订单,再者自己企业的利润水平比较高,部分应收账款收不回来也无关紧要。在这种思想的指导下,刘忠实企业的回款工作一直没有被高度重视。到 2010 年年底的时候,刘忠实突然发现企业的现金流特别不好。虽然几年来业务做了很多,似乎盈利也不少,但企业账上的现金却很少,本来计划 2011 年要开发的几个新产品和准备投入的几个新项目,都因为缺少足够的现金而无法进行。

此时的刘忠实才不得不冷静下来面对回款的问题,他让财务人员把企业的应收账款进行了汇总统计,结果令他大吃一惊,短短不到 3 年的时间,企业未收回的应收账款竟然累计到了 300 多万元。更有甚者,还有部分应收账款因为账目不健全、档案资料保管不善和当事人流动等因素而根本无法统计。刘忠实终于认识到了由于回款工作不好而给企业带来的损失,一年的营业额不过 500 多万元,而未收回的欠款就达到了 300 多万元。即使不算那部分现在无法统计的,这 300 多万元中估计至少有三分之一会成为无法收回的坏账。企业因为现金不足影响了发展。

资料来源:杨华东. 中国青年创业案例[M]. 北京:清华大学出版社,2011.

在创业过程中到底是拓展业务重要还是财务管理重要?利润和现金哪个重要?如何做好企业的财务管理?如何快速了解企业财务状况?如何防止企业现金流断裂?这些都是每一个创业者要关注的问题。

知识讲坛

任务一 做好财务管理

出差还把财务章带在身上,这完全是个体户的观念,一个有完善现代企业制度的企业是不会那么干的。

——史玉柱

创业路艰难,谁都知道。但是有多少人认真思考过,什么是创业者要跨出的最重要一步。如果不懂财务知识,那么你首先就在起点上落后了。

在创业过程中,肯定要与税务、工商、基金等打交道,发展到一定阶段,不可避免地要与股票、扩张、上市等产生联系,同样需要财务知识。就是看一下这月的收入是多少,也要懂财务。

创业之初的财务管理是创业的重要环节。该环节可使表面上杂乱无章、千头万绪的创业工作变得条理清晰,同时还可以防止经营管理活动中的各种弊端。事实上,初创企业所有的管理活动基本上都是建立在财务管理的基础之上的。要使初创企业的经营管理更加合理,走上正轨,创业者就必须加强财务管理,而要做到这一点,创业者自身就必须具有基础的财务知识。

一、财务管理的作用

① 树立正确的财务观念,以便做出科学决策。

② 了解基本的财务活动,积极筹集资金,增加资金积累,并对资金进行合理分配和运用。

③ 了解基本的财务关系,正确处理收益分配、工资及福利等关系,并使财务为初创企业的经营服务。

④ 通过财务管理对经营管理活动实行严格的财务监督,认真审查费用开支,及时采取措施堵塞漏洞,从而保证初创企业经营活动的顺利进行。

二、做好财务管理的有效措施

(一)聘请一名优秀的财务主管

财务主管作为现代企业最为重要的部门主管之一,在企业决策层中占有重要的地位。

可以说,企业的任何决策都与财务主管有关。能否发挥其决策参谋的作用,受到企业所处客观环境的制约,但从根本来讲还是取决于财务主管本人自身的素质与能力。企业的财务管理工作既是一项科学又是一门艺术。作为创业者,要搞好财务方面的工作,必须聘用真正有素质、有能力的人担任财务主管。

一名优秀的财务主管应具备的素质主要包括道德素质和知识素质两个方面。财务主管需具备如下道德素质。第一,作风正派。不论做人还是做事都实事求是、光明磊落,在财务管理中遵纪守法、廉洁奉公,严格按规章制度办事,坚持原则。第二,有敬业精神,热爱本职工作,把工作视为一种需要和自我价值的实现。在工作中,勤恳踏实,不断追求创新,自觉学习相关工作知识与技能,不断提高自身业务水平。第三,对企业忠诚。这主要表现在,视企业利益高于自身利益,不做任何不利于企业的事情,针对企业财会工作中的各种商业机密,财务主管应当严格保守,并自觉维护企业形象,为企业的发展积极出谋划策。

财务管理是一项专业性很强的工作,财务主管作为企业财务部门的负责人,只有掌握一定的专业知识,才能做好企业的理财工作。财务主管要具备如下知识素质。

① 财务主管必须具备微观与宏观经济学知识。这些知识给财务主管以正确的思维方法,使其能比较好地把握经济形势对企业经营的影响。要分析经济环境与经济形势,离不开对宏观经济学和政府经济政策的了解;微观经济学中边际成本与边际效益,以及市场运作原理对于正确地进行企业财务决策也是至关重要的。

② 财务主管必须熟练掌握会计知识。财务主管进行财务管理活动最重要的信息来源就是会计账目,企业的一切活动和盈亏情况都在会计账目中有所体现。财务主管在进行各种财务经营决策时,都要用到会计账目所提供的各种信息。

③ 财务主管必须掌握相关的专业知识,以及国家有关财务、会计工作的政策法规。例如,企业财务管理、审计、管理会计、责任会计、税收会计等专业知识是财务主管开展工作的基础,应熟悉《公司法》《票据法》《企业会计准则》等国家的政策法规。

④ 财务主管必须对本企业的生产产品有较深刻的了解。产品性质不同,其所需资金运转情况便不一致。财务主管不应局限于自身所处的部门,而应对整个企业各个方面有全盘认识,这样才能更好地开展工作。

此外,优秀的财务主管还必须具备一定的组织协调、分析判断、参与决策、沟通交流和使用人与培养人等能力。

(二)记好流水账和日记账

1. 流水账

流水账是一种简单的账目,是按照企业每天发生的收入和支出事项的时间和顺序,把所花费和收入的金额及时记录下来的一种记账方法。

流水账并不是规范的账务记账方法,一般只对内不对外,可以任意更改,还可以根据流水账编制记账凭证。由于它的简便性,所以存在于大多数企业之中。流水账如表 7 - 1 所示。

表7-1　企业日常流水账

2017 年		摘　要	收　入	支　出	余　额	备　注
月	日					
		结转下页				

流水账的记账步骤如下。

1）及时收集单据。

2）按时间顺序记账。

3）尽量日清月结。

4）保存好凭证备查。

2. 日记账

日记账属于比较正规的账簿，是根据编制的原始凭证登记的，不允许随意更改，即使想更改也需按规定的格式更改。日记账在编写的时候，要注意保证清晰、明确、完整、一目了然，也就是说要简洁、无重复。

规范的日记账有助于财务报表和账簿的编写，有助于公司财务的管理。会计在编写各类明细账、总账及报表时均是以日记账为依据的。创业者可以通过对盈利、支出、应收账款、应付账款的及时分析，正确把握企业发展方向，及时合理地控制成本。

流水账是单式记账法，出现错误不容易查找。但日记账采用的是复式记账法，也叫借贷记账法——有借必有贷，借贷必相等，发现问题容易查找。

日记账有以下几种类型。

① 现金日记账：记录每天的现金收支情况。

② 银行日记账：记录每天的银行账户收支情况。

③ 销售日记账：记录每天的销售收入情况。

④ 采购日记账：记录每天采购的物品和支出情况。

由于现金日记账和银行存款日记账是经济活动中最主要的两本账，是必须每日清算、核对的账簿，所以企业一般必须设置现金日记账和银行存款日记账。

（三）现金日记账的设置和登记方法

现金日记账是用来核算和监督库存现金每天的收入、支出和结存情况的账簿。每天，由出纳人员按照经济业务发生时间的先后顺序,根据有关现金收款凭证和现金付款凭证或提取现金的银行存款付款凭证,逐日逐笔进行登记,并根据以下公式,逐日结出现金余额,与库存现金实数核对,以检查每日现金收付是否有误,做到日清日结。

$$上日余额 + 本日收入 = 本日余额$$

$$期初余额 + 本期增加 - 本期减少 = 期末余额$$

现金日记账通常使用订本三栏式账簿,如表7-2所示。

表7-2　现金日记账

2017 年		凭证编号	对方科目	摘　要	收入(借方)金额	支出(贷方)金额	结存余额
月	日						
1	1			上年结转			
				结转下页			

三栏式现金日记账的具体登记方法如下。

① 日期栏。这是指记账凭证的日期,应与现金实际收付日期一致。

② 凭证栏。这是指登记入账的收付款凭证的种类和编号,如"现金收(付)款凭证"简写为"现收(付)";"银行存款收(付)款凭证"简写为"银收(付)",凭证栏还应登记凭证的编号,以便查账和核对。

③ 摘要栏。摘要用来说明登记入账的经济业务的内容,文字要简练,并且能说明问题。

④ 对方科目栏。这是指现金收入的来源科目或支出的用途科目,如银行提取现金,其来源科目(对方科目)为"银行存款"。其作用在于了解经济业务的来龙去脉。

⑤ 收入、支出栏(或借方、贷方)。这是指现金实际收付的金额。每日终了,应分别计算现金收入和付出的合计数,结出余额,同时将余额与出纳员的库存现金核对,即通常所说的"日清"。如果账款不符,应查明原因,并记录备案。月终同样要计算现金收、付和结存的合计数,通常称为"月结"。

(四)银行存款日记账的设置和登记方法

银行存款日记账是企业对外提供的账簿中最重要的会计账簿。银行存款日记账是由出纳人员根据有关银行存款的收款凭证、付款凭证,按照经济业务发生的时间顺序,逐日逐笔地记录和反映银行存款的增减变化及其结果的账簿。

出纳人员在期末时,应将本单位的银行存款日记账与开户银行转来的对账单进行逐笔校对,以检查企业银行日记账是否正确。

银行存款日记账一般也采用订本三栏式账簿。它的填写方式与现金日记账类似,不再重复介绍。

(五)做好财务规划

《孙子兵法·作战篇》中说:"凡用兵之法,驰车千驷,革车千乘,带甲十万,千里馈粮。则内外之费,宾客之用,胶漆之材,车甲之奉,日费千金,然后十万之师举矣。"意思是说,凡是兴兵打仗,出动战车千辆,辎重车千辆,军队十万,还要从千里之外运粮草;前后方的费用,外交使节往来的开支,维持作战器械所需各种物资的供应,车辆盔甲等武器装备和补给,每天要耗费千金,然后十万军队才能出动。

现代商战中,一个公司从新设公司、工厂,乃至营运、营销、扩建等,也都需要庞大的费用。即使是开个小商店,各种费用加起来也不是一个小数目。

因此,在创业时各项经费若不好好筹措、计划、控制,到最后往往会因财务不健全,而周转不灵。

现代商战中,财务是企业能否获胜的"生命线"。有许多企业,虽然产品不错,但最后仍难逃厄运,究其原因乃是财务周转困难,或被倒账等。

因此,如何做好财务管理,是创业者必须时刻注意的问题。尤其是刚开始进入市场的创业者,财务方面更要有良性的、健全的规划。

现在,很多创业者开办的多为中小公司,财务结构也都较差,原因大致如下。

① 自有资金不够,举债经营严重。

② 信用差,银行方面不给贷款,于是改向民间借贷,利息负担沉重。

③ 存贷处理不好,造成资金积压。

④ 盲目投资,把短期资金固定化。

⑤ 会计制度不健全。

⑥ 股东往来金额庞大,影响财务健全。

⑦ 账务报表信赖程度低。

如果这些财务结构不健全,创业者在商战中取胜的机会是不大的。

要健全财务结构,创业者应以合理的途径取得资金与运用资金,并维持长期利润,使资金能在良性的轨道上循环,这就是我们常说的"开源节流"。例如,在资金运用上能做到减少现金量的需求,加速账款流通;缩短收账时间,不要积存过多原料,缩短半成品的制程;成品不要太多;有效运用机器设备;土地与建筑物不一定要买等。

同样,创业者的项目不管多小,营运上毕竟也是"麻雀虽小,五脏俱全",都要一笔可观的资金。这时如果能健全财务规划,将使公司在商战中稳步前进,奠定商战获胜的坚实基础。

三、应对财务困境

(一)创业初期常见的财务困境

一是赊销造成回款困难,甚至坏账。赊销是以信用为基础的销售,卖方与买方签订购货协议后,卖方让买方先取走货物,而买方按照协议在规定日期付款或分期付款付清货款的过程。

在创业初期,由于新产品尚未被市场和顾客接受,赊销是难免的。虽然赊销能够刺激顾客购买,但存在很大的风险。例如,赊销出去的货物不能及时回款,给顾客的账期过长,货款被拖延支付,或者干脆成为坏账,将导致资金周转不灵。

二是货物积压或销售不畅。刚开始经营时,市场尚未打开,客户少,产品销售不畅,致使很多产品积压严重,资金被大量占用,无法变现,因此在很大程度上阻碍了企业的发展,有些企业甚至面临破产倒闭的风险。

三是房租等固定支出在经营成本中占有比例太大。当初选址考虑地段等因素,忽视了房租等费用在营业成本中的比例,结果是生意很好,但等于是给房东打工。

四是创业之初过于考虑公司形象问题。由于考虑公司形象问题,所以用在公司门面、装修上的资金过多,结果刚开始并没有很多业务,错误地高估了产品的受欢迎程度,造成营运资金压力过大的局面。

五是创业启动资金被固定资产占用太多。有些创业者拿到启动资金或风险投资后,第一件事就是买车或者带女朋友旅游、请客吃饭,缺少风险意识。然而购买汽车、场地等固定资产和浪费,往往导致资金流断裂。

(二)应对财务困境的常用措施

企业在激烈的市场竞争中,不进则退。因此,企业发展不能只看眼前,必须放眼未来,居安思危。百度总裁李彦宏说:"永远不要到你的钱花完时再去现融资。"针对财务困境出现的几种情况,常用措施如下。

一是在现金流断裂之前,积极寻找帮扶资金,想办法弥补现金流的不足。目前,我国各级政府和社会上各种创业扶持基金很多,创业者应多留意这些政策和组织的帮扶要求,在困难时,可以去申请资金扶持,以渡难关。

二是出让部分股份,以换取周转资金。创业者最初对自己的企业股权也许是拥有100%的,也许是部分。在资金困难时,可以采取出让部分股份给企业、机构、个人的方法,吸纳新股东或者合资经营,以维持企业生存。

三是如果是因为赊销导致资金周转不灵,可以采取只对信誉好、实力强的客户提供赊销的优惠条件,以保持长期稳定的客户关系,而对相互了解不深的客户不进行赊销。如果赊销数量大,还可以建立赊销日记账,做好赊销每一笔记录,及时回收应收账款。

四是如果是因为货物销售不畅导致的资金占用,可采取促销手段加快商品流通和促进销售,具体措施有优惠、促销、打折等营销活动,提高企业的知名度和美誉度,增进销售,回笼资金。

五是如果是因为场地过大造成的房租压力过大,可采取部分分租的形式,出让一部分与自己产品和服务不冲突但是相关的企业,一起来分担房租压力。例如,卖地板的与卖灯具的合租,开饭店的与开停车场的合租,做设计的可以把一楼分租给广告公司,等等。

任务二　看懂财务报表

抠门才叫企业家,不抠门就不是真正意义上的企业家。企业家是社会财富的"守门人",该花的钱不花,那叫缺位;不该花的钱乱花,那叫越位;把钱花在刀刃上,那才叫责任。

——《赢在中国》评委朱新礼

企业的负责人,应该从哪几个方面来了解企业财务状况呢?至少从3个方面:一是企业财务现状,即企业目前有多少钱和欠人家多少钱;二是企业的经营成果,即企业在某一段时间是赚了还是赔了?如是赚了,赚多少,如果是赔了,赔多少;三是企业的现金流量,即企业在一段时间内收了多少钱,支出去了多少钱。

要搞清楚这3个方面的问题,要学会看企业的3张报表:第一张是资产负债表,这是为了让你搞清楚第一个问题;第二张是利润表或损益表,这是为了让你搞清楚第二个问题;第3张是现金流量表,这是为了让你搞清楚第3个问题。

一、资产负债表

(一)资产负债表格式及编制方法

资产负债表是反映企业在某一特定时间点上的财务状况的报表,是企业经营活动的静态体现,它是根据资产、负债和所有者权益之间的相互关系,按照一定的分类标准和顺序,把企业在特定日期的资产、负债、所有者权益项目予以适当的排列,并对日常工作中形成的大量数据进行高度浓缩、整理后编制而成的。

资产负债表一般有表首、正表两部分。其中,表首概括地说明报表名称、编制单位、编制日期、报表编号、货币名称、计量单位等。正表是资产负债表的主体,列示了用以说明企业财务状况的各个项目。资产负债表正表的格式一般有两种:报告式资产负债表和账户式资产负债表。报告式资产负债表是上下结构,上半部列示资产,下半部列示负债和所有者权益。具体排列形式又有两种:一是按"资产 = 负债 + 所有者权益"的原理排列;二是按"资产 − 负债 = 所有者权益"的原理排列。账户式资产负债表是左右结构,左边列示资产,右边列示负债和所有者权益。不管采取什么格式,资产各项目的合计等于负债和所有者权益各项目的合计这一等式不变。资产负债表如表7−3所示。

表7-3　A公司2016年年末资产负债表

2016 年 12 月 31 日　　　　　　　　　　　　　　　　　　　　　　　　　　元

资　产		负债及所有者权益	
流动资产		流动负债	
现金	302 400	应付账款	142 200
应收账款	276 000	长期负债的流动部分	100 800
商品库存	62 700	流动资产总额	243 000
其他	7 200	长期负债	
流动资产总额	648 300	应付票据	1 255 200
固定资产		负债总额	1 498 200
设备	1 440 000	所有者权益	
减:折旧	237 600	资本金	300 000
固定资产总额	1 202 400	未分配利润	52 500
资产总额	1 850 700	所有者权益总额	352 500
		负债及所有者权益总额	1 850 700

从表7-3可以看出,资产负债表的左栏反映了企业的资产,右栏反映了企业的负债和所有者权益。资产按"流动性"或变现时间长短顺序排列,负债按照偿还顺序排列。资产负债表必须保持"平衡",即企业资产等于企业负债和所有者权益之和。表7-3是一张资产负债表的简易表,适合初创企业,因为企业创办时间较短,资产和负债及所有者权益项目比较少。对于更多非金融企业的资产负债表,需要使用如下格式,见表7-4。

表7-4　资产负债表

编制单位:A公司　　　　　　　　　　2016 年 12 月 31 日　　　　　　　　　　　　　　元

资　产	期末余额	年初余额	负债和股东权益	期末余额	年初余额
流动资产:			流动负债:		
货币资金	489 079	843 780	短期借款	30 000	180 000
交易性金融资产	0	9 000	交易性金融负债		0
应收票据	39 600	147 600	应付票据	60 000	120 000
应收账款	358 920	179 460	应付账款	572 280	572 280
预付款项	60 000	60 000	预收款项		0
应收利息	0		应付职工薪酬	108 000	66 000
应收股利	0		应交税费	136 039	21 960
其他应收款	3 000	3 000	应付利息	0	600
存货	1 490 820	1 548 000	应付股利	19 330	0
一年内到期的非流动资产		0	其他应付款	30 000	30 000
其他流动资产	60 000	60 000	一年内到期的非流动负债	0	600 000

（续表）

资　产	期末余额	年初余额	负债和股东权益	期末余额	年初余额
流动资产合计	2 501 419	2 850 840	其他流动负债	0	0
非流动资产：		0	流动负债合计	955 649	1 590 840
可供出售金融资产	0	0	非流动负债：	0	0
持有至到期投资	0	0	长期借款	696 000	360 000
长期应收款	0	0	应付债券	0	0
长期股权投资	150 000	150 000	长期应付款	0	0
投资性房地产	0	0	专项应付款	0	0
固定资产	1 320 600	660 000	预计负债	0	0
在建工程	256 800	900 000	递延所得税负债	0	0
工程物资	180 000	0	其他非流动负债	0	0
固定资产清理	0	0	非流动负债合计	696 000	360 000
生产性生物资产	0	0	负债合计	1 651 649	1950 840
油气资产	0	0	股东权益：		
无形资产	324 000	360 000	实收资本（或股本）	3 000 000	3 000 000
开发支出	0	0	资本公积	0	0
商誉	0	0	减：库存股	0	0
长期待摊费用	0	0	盈余公积	74 862	60 000
递延所得税资产	4 500	0	未分配利润	130 808	30 000
其他非流动资产	120 000	120 000	股东权益合计	3 205 670	3 090 000
非流动资产合计	2 355 900	2190 000			0
资产总计	4 857 319	5040 840	负债和股东权益总计	4 857 319	5 040 840

　　表7-4项目较为全面,可根据企业情况增减项目。此表每一项目要填写期末余额和年初余额两项。

（二）资产负债表数据解读

浏览一下资产负债表的主要内容,可以对企业的资产、负债及股东权益的总额及其内部各项目的构成和增减变化有一个初步的认识。表格左侧的资产总额能在一定程度上反映企业的经营规模。由于左右两侧数据总和是相等的,因此,资产的增减与右侧的负债和股东权益的变化有很大的关系。当企业股东权益的增长幅度高于资产总额的增长时,说明企业的资金实力有了相应的提高;相反,则说明企业规模扩大的主要原因是负债规模的上升,进而说明企业的资金实力在下降,偿还债务的安全性也在下降。

进一步阅读表格里的数据,还可以发现更多重要信息。例如,企业应收账款过多,占总资产比重过高,说明该企业资金被占用的情况较为严重,现金流可能会有问题。再如,在企业股东权益中,如果法定的资本公积金大大超过企业的股本总额,则预示着企业将有良好的股利分配政策。但与此同时,如果企业没有充足的货币资金做保证,则预计该企业会采用配股增资的分配方案而非发放现金股利的分配方案。

在资产负债表中,还可以直接获得很多财务指标,如净资产比率、固定资产净值率、资本化比率、流动比率、速动比率和每股净资产等。

1. 净资产比率

$$净资产比率 = \frac{股东权益总额}{资产总额}$$

该指标主要用来反映企业的资金实力和偿债安全性,它的倒数就是负债比率。净资产比率与企业资金实力成正比,但该比率过高,则说明企业财务结构不尽合理。该指标一般应在 50% 左右,但对于一些特大型企业而言,该指标的参照标准应有所降低。

2. 固定资产净值率

$$固定资产净值率 = \frac{固定资产净值}{固定资产原值}$$

该指标反映的是企业固定资产的新旧程度和生产能力,一般该指标应超过 75% 为好。该指标对于工业企业生产能力的评价有着重要的意义。

3. 资本化比率

$$资本化比率 = \frac{长期负债}{长期负债 + 所有者权益}$$

该指标主要用来反映企业需要偿还的及有息长期负债占整个长期营运资金的比重,因而该指标不宜过高,一般应在 20% 以下。

4. 流动比率

$$流动比率 = \frac{流动资产}{流动负债}$$

该指标主要用来反映企业偿还债务的能力。一般而言,该指标应保持在 2:1 的水平。过高的流动比率反映企业财务结构不尽合理,它有可能是:企业的某些环节的管理较为薄弱,从而导致企业有较多的应收账款或存货;企业可能因经营理念较为保守而不愿扩大负债经营的规模;股份制企业在以发行股票、增资配股或举借长期借款、债券等方式筹得资金后尚未充分投入营运等。但就总体而言,过高的流动比率主要反映了企业的资金没有得到充分利用,而该比率过低,则说明企业偿债的安全性较弱。

(三)资产负债表的作用

资产负债表是会计上相当重要的财务报表,它最重要的作用是表现企业的经营状况。

就程序言,资产负债表为簿记记账程序的末端,是集合了登记分录、过账及试算调整后的最后结果与报表。就性质言,资产负债表表现企业或公司资产、负债与股东权益的对比关系,确切反映公司营运状况。

资产负债表,主要反映在出报表的那一时刻,公司资产负债情况如何。因此,要注意看出报表的时间,时点对该报表的影响很大——公司前一天负债,后一天不一定负债。此外,资产负债表最重要的勾稽关系就是资产等于负债加上权益。企业的资产来源有两个:一是企业自身的,二是借来的。在会计上,目前企业拥有的一切叫资产,而借来的钱就是负债,企业自己的钱就叫权益。资产负债表的具体作用如下。

① 揭示企业资产总规模及具体分布状况。资产负债表向人们展示了企业拥有或控制的能用货币表现的经济资源,即资产的总规模及具体的分布形态。由于不同形态的资产对企业的经营活动有不同的影响,因而通过对企业资产结构的分析可以对企业的资产质量做出一定的判断。

② 反映企业短期偿债能力。把流动资产(一年内可以或准备转化为现金的资产)、速动资产(流动资产中变现能力较强的货币资金、债权、短期投资等)与流动负债(一年内应偿清的债务责任)联系起来分析,可以评价企业的短期偿债能力。这种能力对企业的短期债权人尤为重要。

③ 反映企业长期偿债能力。通过对企业债务规模、债务结构及所有者权益的对比,可以对企业的长期偿债能力及举债能力(潜力)做出评价。一般而言,企业的所有者权益占负债与所有者权益的比重越大,企业清偿长期债务的能力越强,企业进一步举借债务的潜力也就越大。

④ 判断企业财务状况发展趋势。通过对企业不同时点资产负债表的比较,可以对企业财务状况的发展趋势做出判断。可以肯定地说,企业某一特定日期(时点)的资产负债表对信息使用者的作用极其有限。只有把不同时点的资产负债表结合起来分析,才能把握企业财务状况的发展趋势。同样,将不同企业同一时点的资产负债表进行对比,还可对不同企业的相对财务状况做出评价。

二、利润表

1. 利润表格式及编制方法

利润表(资产损益表)是反映企业在一定会计期的经营成果及其分配情况的会计报表。它是一段时间内公司经营业绩的财务记录,反映了这段时间的销售收入、销售成本、经营费用及税收状况,报表结果为公司实现的利润或亏损。其基本格式如表7-5所示。

表7-5　利润表

编制单位:A公司　　　　　　　　　　2016年度　　　　　　　　　　　　　　　元

项　目	本期金额	上期金额（略）
一、营业收入	750 000	
减:营业成本	450 000	
税金及附加	1 200	
销售费用	12 000	
管理费用	94 260	
财务费用	24 900	
资产减值损失	18 540	
加:公允价值变动收益（损失以"-"号填列）		
投资收益（损失以"-"号填列）	18 900	
其中:对联营企业和合营企业的投资收益		
二、营业利润（亏损以"-"号填列）	168 000	
加:营业外收入	30 000	
减:营业外支出	11 820	
其中:非流动资产处置损失		
三、利润总额（亏损总额以"-"号填列）	186 180	
减:所得税费用	51 180	
四、净利润（净亏损以"-"号填列）	135 000	
五、每股收益:	（略）	
（一）基本每股收益		
（二）稀释每股收益		
六、综合收益		
（一）其他综合收益		
（二）综合收益总额		

利润表是一张动态报表,依据"收入-费用=利润"进行编制。

如表7-5所示,利润表的项目,按利润构成和分配分为两个部分。表中一至四为利润构成部分,五为利润分配部分。

其利润构成部分先列示营业收入,然后减去销售成本得出销售利润,再减去各种费用后得出营业利润(或亏损),再加减营业外收入和支出后,即为利润(亏损)总额。利润分配部分先将利润总额减去应交所得税后得出税后利润,其下即为按分配方案提取的公积金和应分配利润——如有余额,即为未分配利润。利润表中的利润分配部分如单独列示,则为利润分配表。

下面重点介绍利润构成部分的 4 个方面内容的填写要求。

第一部分:主营业务利润,即主营业务收入减去主营业务成本、主营业务税金及附加费用的余额。

第二部分:营业利润,即主营业务利润加上其他业务利润,减去营业费用、管理费用和财务费用后的余额。

第三部分:利润总额(或亏损总额),即营业利润加(减)投资收益(损失)、补贴收入和营业外收入或支出后的余额。

第四部分:净利润(或净亏损),即利润总额(或亏损总额)减去本期所得税后的余额。

2. 利润表数据解读

要发挥利润表的作用,不能停留在表面数据解读,也不能孤立看一张利润表,最好与资产负债表结合起来分析,才能得到有关企业盈利能力的更多财务信息。对初创企业最常用的盈利能力分析有两类。

第一类:与资产有关的盈利能力。

要分析企业资产的盈利能力,可以分析总资产报酬率和净资产收益率这两个指标。

$$总资产报酬率 = \frac{利润总额 + 利息支出}{平均资产总额}$$

该指标可以衡量企业运用全部资产的获利能力。

$$净资产收益率 = \frac{净利润}{平均净资产}$$

该指标用于衡量投资者投入企业自有资本获取利润的能力,反映了投资与报酬的关系。

第二类:与销售有关的盈利能力(反映投资者投入资本金的获利能力)

$$销售(营业)利润率 = \frac{销售(营业)利润}{销售(营业)收入净额} \times 100\%$$

该指标表明企业每单位销售(营业)收入能带来多少销售(营业)利润,反映了企业主营业务的获利能力,体现了企业主营业务利润总额的贡献,以及对企业全部收益的影响程度。

$$销售净利率 = \frac{净利润}{销售收入净额} \times 100\%$$

该指标反映每一元销售收入带来的净利润的多少,表明了销售收入的收益水平。

$$销售毛利率 = \frac{销售收入 - 销售成本}{销售收入} \times 100\%$$

该指标表示每一元的销售收入扣除销售成本后,有多少钱可以用于各项期间费用和形成盈利。销售毛利率是企业销售净利率的基础,没有足够大的毛利率便不可能盈利。通常来说,毛利率随行业的不同而高低各异,但同一行业的毛利率一般相差不大。与同期企业平均毛利率相比,可以提示企业在定价政策、产品或生产成本控制方面存在的问题。

此外,创业者和管理者在阅读分析利润表时,还要注意将不同时期的销售成本和营业费用对净销售额的比率进行对比,比率逐期下降(上升)表明企业每单位销售额中成本和费用逐期降低(上升)。

3. 利润表的作用

利润表主要告诉我们在一段时间里公司损益情况如何。通俗一点说,就是在一段时间里,公司是赚了还是赔了。如果是赚了,赚多少;如果是赔了,赔多少。因此,这张报表关键一点,就是看这段时间有多长,一般是一个月、一个季度或一年的时间。

利润表上所反映的会计信息,可以用来评价一个企业的经营效率和经营成果,评估投资的价值和报酬,进而衡量一个企业在经营管理上的成功程度。具体来说有以下几个方面的作用。

① 利润表可作为经营成果的分配依据。

② 利润表反映企业在一定期间的营业收入、营业成本、营业费用、税金及附加、各项期间费用和营业外收支等项目。利润表上的数据直接影响到许多相关单位或人员的利益,如国家的税收收入、管理人员的奖金、职工的工资与其他报酬、股东的股利等。正是由于这方面的作用,利润表的地位曾经超过资产负债表,成为最重要的财务报表。

③ 利润表能综合反映生产经营活动的各个方面,可以有助于考核企业经营管理人员的工作业绩。企业在生产、经营、投资、筹资等各项活动中的管理效率和效益都可以从利润数额的增减变化中综合地表现出来。通过将收入、成本费用、利润与企业的生产经营计划对比,可以考核生产经营计划的完成情况,进而评价企业管理者当年的经营业绩和效率。

④ 利润表可用来分析企业的获利能力、预测企业未来的现金流量。利润表揭示了经营利润、投资净收益和营业外收支净额等详细资料,可据以分析企业的盈利水平,评估企业的获利能力。同时,报表使用者所关注的各种预期的现金来源、金额、时间和不确定的现金收支,如股利或利息、出售证券的所得及借款的清偿,都与企业的获利能力密切相关。所以,收益水平在预测未来现金流量方面具有重要作用。

三、现金流量表

(一)现金流量表的格式及编制方法

现金流量表是指反映企业在一定会计期间现金和现金等价物流入和流出的报表。现金是指企业库存现金以及可以随时用于支付的存款。现金等价物是指企业持有的期限短、流动性强、易于转化为已知金额现金、价值变动风险很小的投资。

现金流量表是一份显示指定时期(一般为一个月、一个季度或一年)的现金流入和流出的财务报告。作为一个分析的工具,现金流量表的主要作用是判断公司短期生存能力,特别是缴付账单的能力。

现金流量表如表7-6所示。

表7-6 现金流量表

编制单位:A公司　　　　　　　　　　　　2016年　　　　　　　　　　　　　　　元

项　目	本期金额	上期金额
一、经营活动产生的现金流量:		（略）
销售商品、提供劳务收到的现金	787 500	
收到的税费返还	0	
收到其他与经营活动有关的现金	0	
经营活动现金流入小计	787 500	
购买商品、接受劳务支付的现金	235 359.6	
支付给职工以及为职工支付的现金	180 000	
支付的各项税费	104 821.8	
支付其他与经营活动有关的现金	48 000	
经营活动现金流出小计	568 181.4	
经营活动产生的现金流量净额	219 318.6	
二、投资活动产生的现金流量:	0	
收回投资收到的现金	9 900	
取得投资收益收到的现金	18 000	
处置固定资产、无形资产和其他长期资产收回的现金净额	180 180	
处置子公司及其他营业单位收到的现金净额	0	
收到其他与投资活动有关的现金	0	
投资活动现金流入小计	208 080	
购建固定资产、无形资产和其他长期资产支付的现金	360 600	
投资支付的现金	0	
取得子公司及其他营业单位支付的现金净额	0	
支付其他与投资活动有关的现金	0	
投资活动现金流出小计	360 600	
投资活动产生的现金流量净额	−152 520	
三、筹资活动产生的现金流量:	0	
吸收投资收到的现金	0	
取得借款收到的现金	336 000	
收到其他与筹资活动有关的现金	0	
筹资活动现金流入小计	336 000	
偿还债务支付的现金	750 000	

（续表）

项　目	本期金额	上期金额
分配股利、利润或偿付利息支付的现金	7 500	
支付其他与筹资活动有关的现金	0	
筹资活动现金流出小计	757 500	
筹资活动产生的现金流量净额	−421 500	
四、汇率变动对现金及现金等价物的影响	0	
五、现金及现金等价物净增加额	−354 701.4	
加：期初现金及现金等价物余额	843 780	
六、期末现金及现金等价物余额	489 078.6	

　　现金流量表以现金及现金等价物为基础，按照收付实现制原则编制。3个不同活动的现金流量的编制方法也是不一样的。这里主要介绍针对经营活动的现金流量编制方法。编制经营活动现金流量的方法有两种：一种是直接法，另一种是间接法。所谓直接法，即通过现金收入和现金支出的总括分类反映来自企业经营活动的现金流量。所谓间接法，即通过将企业非现金交易、过去或未来经营活动产生的现金收入或支出的递延或应计项目，以及与投资或筹资现金流量相关的收益或费用项目对净损益的影响进行调整来反映企业经营活动所形成的现金流量。

（二）现金流量表数据解读

　　一般可结合资产负债表和利润表，从以下几个方面对现金流量表所提供的财务信息进行解读。

1. 现金流量结构分析

　　现金流量结构分析是指同一时期现金流量表中不同项目的比较与分析，以揭示各项数据在企业现金流量中的相对意义。

$$现金流量结构比率 = \frac{单项现金流入（流出）量}{现金流入（流出）总量}$$

　　现金流量结构分析包括流入结构分析、流出结构分析和流入流出比分析。通过流入结构分析可以看出企业现金流入量的主要来源；通过流出结构分析，可以看出企业当期现金流量的主要去向，有多少现金用于偿还债务，以及在3项活动中，支付现金最多的是哪些方面。在流入流出比分析中，经营活动流入流出比越大越好，表明企业一元的流出可换回更多的现金；投资活动流入流出比小，表明企业处于发展时期，而衰退或缺少投资机会时此比值大；筹资活动流入流出比小，表明还款大于借债。

2. 现金流量质量分析

　　① 经营活动产生的现金净流量。阅读现金流量表，最关键的是看企业来自经营活动的现金净流量。因为企业贷款本息的偿还、固定资产的购置支出等都需要动用现金，而经营活动产生的现金流量是满足这些需要最根本的来源。一般来说，在企业经营正常且稳定的情

况下,经营现金净流量应为正数;当企业处于成长期或开拓市场期时,经营活动现金净流量可能为负值。

分析时,可以将销售商品、提供劳务收到的现金与购进商品、接受劳务付出的现金进行比较。在企业经营正常、购销平衡的情况下,二者比较是有意义的。比率大,说明企业的销售利润大,销售回款良好,创现能力强。也可将销售商品、提供劳务收到的现金与经营活动流入的现金总额比较,可大致说明企业产品销售现款占经营活动流入的现金的比重有多大。比重大,说明企业主营业务突出,营销状况良好。还可将本期经营活动现金净流量与上期比较,增长率越高,说明企业成长性越好。

② 投资活动产生的现金流量。当企业扩大规模投资或开发新的利润增长点时,需要大量的现金投入,投资活动产生的现金流入量补偿不了流出量,投资活动现金净流量可能为负数。但如果企业投资有效,将会在未来产生现金净流入用于偿还债务,创造收益,企业不会有偿债困难。因此,分析投资活动现金流量,应结合企业目前的投资项目进行,不能简单地以现金净流入还是净流出来论优劣。当企业处于衰退期时,由于市场已经饱和,销售量下降,企业将大幅收回投资,此时投资活动现金流量为正数。

③ 筹资活动产生的现金流量。筹资活动的现金流量与企业的发展规划有关。当企业以扩大投资和经营活动为目标时,企业将以各种方式筹资,此时现金流量可能为正数;但如果企业认为经营正常,且有足够能力偿付债务时,可能会拿出资金去偿还债务,此时现金流量为负数。一般来说,筹资活动产生的现金净流量越大,企业面临的偿债压力也越大。但如果现金净流入量主要来自企业吸收的权益性资本,则不仅不会面临偿债压力,资金实力反而增强。因此,在分析时,可将吸收权益性资本收到的现金与筹资活动现金总流入比较,吸收权益性资本收到的现金所占比重大,说明企业资金实力增强,财务风险降低。

一般地,对于一个健康的正在成长的公司来说,经营活动现金流量是正数,投资活动现金流量是负数,筹资活动的现金流量是正负相间的。

3. 偿债能力分析

在正常经营情况下,企业当期经营活动所获得的现金收入,首先要满足生产经营活动中的一些支出,如购买原材料与商品、支付职工工资、缴纳税费,然后才用于偿还债务,所以真正能用于偿还债务的是现金流量。分析企业的偿债能力,首先应看企业当期取得的现金在满足了生产经营活动的基本现金支出后,是否还足够用于偿还到期债务的本息,如果不能偿还债务,必须向外举债,说明企业经营陷入财务困境。所以,现金流量和债务的比较可以更好地反映企业偿还债务的能力。结合资产负债表,企业偿债能力可以用以下两个比率来分析。

$$短期偿债能力 = \frac{经营现金净流量}{流动负债}$$

$$长期偿债能力 = \frac{经营现金净流量}{负债总额}$$

4. 支付能力分析

支付能力分析主要是对企业当期取得的现金与各项支出现金进行比较。企业取得的现金只有在支付了生产经营所需现金和本期应偿还的债务后,才能用于投资与发放股利,这表现在现金流量表中"现金及现金等价物净增加额"项目上。如果"现金及现金等价物净增加额"为正数,说明企业本期的现金与现金等价物增加了,企业的支付能力较强;反之则较差,说明企业财务状况恶化。但现金流量净增加额并非越大越好,若现金流量净增加额太大,则可能是企业现有的生产能力不能充分吸收现有的资产,使资产过多地停留在盈利能力较低的现金上,从而降低了企业的获利能力。

以上两个比率值越大,表明企业偿还债务的能力越强。但是并非比率值越大越好,因为现金的收益性比较差,若现金流量表中"现金及现金等价物净增加额"项目数额过大,则可能是企业现在的生产能力不能充分吸收现有资产,使资产过多地停留在盈利能力较低的现金上,从而降低了企业的获利能力。

5. 流动性分析

流动性是指将净资产迅速变为现金的能力。资产负债表所确定的流动比率虽然也能反映流动性,但有很大的局限性。根据现金流量表,流动性可以通过经营活动的现金流量占全部现金流量的比率进行分析,比率越高,说明企业经营活动所产生的现金流速越快,企业财务基础越稳固,从而偿债能力与对外筹资能力越强,抗风险能力越高。

可以看到,现金流量表与资产负债表及利润表构成了企业完整的会计报表信息体系。在运用现金流量表解读企业财务信息时,要注意与资产负债表和利润表相结合,才能全面、客观和准确地评价企业的财务状况。

(三)现金流量表的作用

① 有助于评价企业支付能力、偿债能力和周转能力。
② 有助于预测企业未来现金流量。
③ 有助于分析企业收益质量及影响现金流量的因素,掌握企业经营活动、投资活动和筹资活动的现金流量,可以从现金流量的角度了解净利润的质量,为分析判断企业的财务前景提供信息。

任务三　学会现金管理

阳光灿烂的时候要去借雨伞、修屋顶。

——马云

一、现金的重要性

现金是指现有的账户内可以随时支配使用的以及唯一用来偿还债务的资产。如果债务没有得到偿还,债权人有权处理抵押品,公司往往就会关门歇业。

现金对于任何一家公司都是至关重要的,也是老板应该持续关注的一项内容。
导致现金短缺的原因大体有以下几种。

① 推迟发送货物清单。

② 不跟客户结账。

③ 不与供货商赊账。

④ 喜欢用现金实现快速支付。

⑤ 为了得到折扣而采购大量的原料。

⑥ 采购设备或交通工具用现金支付,而不用贷款。

⑦ 雇用了工作效率不够高或不符合岗位需要的员工。

⑧ 养着一些基本上无事可做的员工。

⑨ 从来不核实自己签字确认的单据。

⑩ 从不在公司的发货单上签字。

⑪ 让盗贼有机可乘。

⑫ 租用不必要的、奢华的办公地点。

⑬ 购买大额不实用的保险。

⑭ 不与银行经理建立良好的关系。

⑮ 从来不提前计划、预测现金使用情况。

⑯ 从不做运营记录,并与计划进行比照。

⑰ 接大订单,尤其是从那些结账速度慢的客户手里。这迫使你先把现金掏出去购买原材料,并支付工资和日常开销,却很可能几个月拿不到货款,导致资金链断裂。

二、预测现金流状况

关注现金流状况就是指预测未来的现金量并对此持续关注。任何大额的开支都要立刻核实,直到弄清楚缘由才能罢休。这是至关重要的,不能忽视。

(一)为什么要预测现金流状况

预测现金流状况是为了防止现金流断裂。

创业案例

小张是一名公司白领,平时工作不是很忙,有一些空闲时间,再加上她有很多特长,她想发挥特长,做点小工艺品在情人节出售,赚点外快。

现在是12月份,她花了4 000元买制作工艺品的所需原材料,可以制作400个礼品。她打算把一半的礼品批发给一家礼品店出售,每个批发价20元,但礼品店要求1月份交货,4月份给货款。还有一半礼品也以20元的批发价卖给自己公司的同事和朋友,大约1月份卖100个,2月份再卖100个。然而她对自己的现金流和盈亏预算产生了疑惑。

如表7-7和表7-8所示,小张的利润最终转化为现金是到了第二年的4月份才完成。在她拿到最终的货款之前,现金流动情况是很差的,前两个月还是负债状态。

表7-7　小张的盈亏预算

元

盈亏预算:4月底	
开发票的销售额:400×20	8 000
原材料	4 000
增加值	4 000
管理费用	0
净利润	4 000

表7-8　小张的现金流预测

元

现金流预测:12月到次年4月					
	12月	1月	2月	3月	4月
收入					
零售	—	2 000	2 000	—	—
批发	—	—	—	—	4 000
总收入	—	2 000	2 000	—	4 000
支出					
原材料	4 000	—	—	—	—
月度现金流	(4 000)	2 000	2 000	—	4 000
累计	(4 000)	(2 000)	0	0	4 000

说明:括号内的数量为负值。

(案例根据英国迈克尔·莫里斯著、王聪译的《成功创业的14堂课》61页的内容改编)

　　小张是一个简单的例子。对于任何一个运作比小张规模大的生意人来说,这个警示是十分清楚的,即仅仅预测利润会很容易使现金断流。只有对现金和利润都做出预测,才能生存下去。

(二)如何预测现金流状况

创业案例

　　假设小王在市场上摆摊卖水果,他周一开始卖,当天主要做了以下工作。

　　从朋友处借200元,朋友不要利息,但要尽快还。

　　花100元租下一个市场摊位,期限25天。

　　给市场管理办公室交了摊位管理费10元。

　　花了90元进水果。

　　卖了一半的水果得到80元,全部是现金。

　　周一当天结束时,可以算出他的利润,如表7-9所示。

表7-9　小王周一的利润表

元

项　目	金　额
销售额	80
已售产品成本	45
附加值	35
市场管理费	10
摊位租金	4
利润	21

　　但是,他还有价值45元的水果和96元的摊位在这个利润表里无法反映,他卖水果得到的80元如何开销在这个表格里也是无法体现的。利润表只是记录销售额,无法显示开销、存货、资金或设备的情况。想看到这些内容,要用到我们前面学习的资产负债表,如表7-10所示。

表7-10　小王的资产负债表

元

资　产		负债及所有者权益	
流动资产		流动负债	
现金	80	负债总额	200
存货	45	流动资产总额	200
流动资产总额	125	所有者权益	
固定资产		未分配利润	21
摊位	100	所有者权益总额	21
减:折旧	4		
固定资产总额	96		
资产总额	221	负债及所有者权益总额	221

　　在公司发展的初创阶段,不必把更多的心思放在资产负债表上,可以先把它放一边,新成立的公司需要监视利润表而不必担心资产负债表。所以接着关注小王周二的利润情况。假设小王每天的生意规模和收益是一样的,周二早上,他又给市场管理办公室人员交了10元管理费,把剩下的水果卖了,卖得80元现金。周二的利润如表7-11所示。

表 7-11　小王周二的利润表

元

项　目	金　额
销售额	80
已售产品成本	45
附加值	35
市场管理费	10
摊位租金	4
利　润	21

以此类推,截止到周六晚上,利润为 $6×21=126$(元),还有每天 4 元摊位折旧费不需要现金再支出,也全部是现金,共有 150 元现金。他打算还清朋友的钱。但他知道必须留一部分钱用于周一进货,交管理费,而且每周需要生活费 30 元,所以他做了一次现金流预算。他算出预期收入的金额和入账时间,以及预期支出和支出时间,如表 7-12 所示。

表 7-12　小王第二周的资金流预测表

元

	周一	周二	周三	周四	周五	周六
当日现金收入(a)	80	80	80	80	80	80
每天开始时支出						
生活费	30	—	—	—	—	—
管理费	10	10	10	10	10	10
进水果费	90	—	90	—	90	—
当日累计支出现金(b)	130	10	100	10	100	10
当日现金净收入($a-b$)	-50	70	-20	70	-20	70
一天开始时手里的现金	150	100	170	150	220	200
一天结束时手里的现金	100	170	150	220	200	270

小王在第一周周末可以直接先还朋友 50 元,第二周的周一晚上可以还 20 元,周三晚上能还 50 元,周五晚还 20 元,如果他想再快一点还钱,他的资金流就会断。因此,第二周周末他还欠朋友的 60 元。

（编者注:案例根据英国迈克尔·莫里斯著、王聪译的《成功创业的 14 堂课》181—184 页的内容改编）

从以上例子可以看出,要预测现金流,还必须从利润入手,也可以利用前面学过的现金流量表直接测算。

预测现金流状况,需要关注以下 4 个方面的内容。

① 预测现金流的时间点。通常是在月末,也可以是日末、周末或年末。

② 计划流入公司的现金,如投资、借款、货物与服务的出售,以及处理的资本性项目(如卖掉旧的办公设备)等。

③ 计划流出公司的现金,如采购、日常管理费用、工资,以及要缴纳的税金。这里折旧就不算了,因为没有现金流动。

④ 每次流入和流出现金的时间界定。买卖交易的发票开出即算作现金流动的时间界定,而不要等到发货或收货。

三、如何改善现金流

① 订单要约定付款条件、价格、交货方式等。

② 加强对客户的甄别,对经了解确无支付能力的客户,谨慎与之合作。

③ 货到才能付款,不能在货到之前付款。

④ 尽量与供货商赊账。

⑤ 供应物资只有在急需的情况下才采购,尽管这样做可能要多付一点钱。

⑥ 购买资产或设备要借款,这项借款是比较容易的。

⑦ 只聘用那些公司现在需要的员工,员工上班时间要一直保持工作状态。

⑧ 加强对所有财务、工程、客户和档案资料的保管,建立健全账目,责任到人,防止因为账目不清或资料不全而给企业带来损失。

⑨ 开公司要勤俭。

⑩ 建立完善的、防欺诈的制度。

项目实践

项目实践一 编制某公司首年经营利润表

现有某公司全年各项收入和开支情况预测如下(单位:千元)。

销售收入情况:1月240,2月300,3月360,4—6月每月480,7月540,8、9月每月570,10月600,11月660,12月690。

销售成本:1月156,2月204,3月360,4月324,5、6月每月300,7月348,8月366,9月360,10月384,11月432,12月456。

销售费用:1月18,2月24.6,3月27.6,4月36,5月36,6月36,7月45,8月46.8,9月46.8,10月49.8,11月54,12月57。

广告费用:1月9,2月10.8,3月11.4,4月15,5月15,6月15,7月18,8月42,9月18,10月21,11月24,12月27。

工资与薪金:1月39,2月39,3月40.8,4月40.8,5月40.8,6月40.8,7月48,8月48,9月48,1 049.8,11月57,12月60。

办公设备:1月3.6,2月3.6,3月4.2,4月4.8,5月4.8,6月4.8,7月5.4,8月6,9月6,10月7.2,11月8.4,12月9。

租金:1—10 月每月 12,11、12 月每月 18。

公益费用:1 月 1.8,2 月 1.8,3 月 2.4,4 月 2.4,5 月 3.6,6 月 3.6,7 月 4.2,8 月 4.2,9 月 4.2,10 月 4.8,11 月 5.4,12 月 6.6。

保险费:1—4 月每月 1.2,5—10 每月月 1.8,11、12 月每月 3.6。

税金:1、2 月 6.6,3—6 月每月 7.2,7—9 月每月 9.6,10 月 10.2,11 月 11.4,12 月 12。

利息:1—7 月每月 7.2,8—12 月每月 9。

折旧:每月 19.8。

其他费用:1—7 月每月 0.6,8—12 月每月 1.2。

企业所得税税率按 25% 计算。

请根据上述数据测算出该公司首年利润情况,完成表 7-13,并分析该公司从几月份开始盈利。

表 7-13　某公司首年经营利润表

千元

	1月	2月	3月	4月	5月	6月	7月	8月	9月	10月	11月	12月
销售收入												
减:销售成本												
毛利												
经营费用												
销售费用												
广告费用												
工资与薪金												
办公设备												
租金												
公益费用												
保险费												
税金												
利息												
折旧												
其他												
经营支出总额												
税前利润												
所得税												
净利润												

项目实践二　编制某公司第一、二季度现金流量表

现有某公司,1—6 月份现金流量情况预测如下(单位:千元)。

销售收入:1 月 144,2 月 276,3 月 336,4 月 432,5 月 480,6 月 480。

购买设备:1 月 600,2 月 600,3 月 240。

购买货物:1 月 124.8,2 月 194.4,3 月 244.8,4 月 307.2,5 月 304.8,6 月 300。

支付工资薪金:1 月 39,2 月 39,3—6 月每月 40.8。

广告费用:1月9,2月10.8,3月3.9,4—6月每月15。

办公费用:1月1.8,2月3.6,3月3.9,4月4.5,5、6月每月4.8。

房租:1—6月每月12。

公益费用:1、2月每月1.8,3、4月每月2.4,5、6月每月3.6。

保险费:1—3月每月4.8,5月2.4

税费:1、2月每月4.8,3月5.4,4月10.8,5月5.4,6月5.4。

还贷款利息:1—6月每月15.6。

1月份开始有资金:1 650。

根据上述数据编制该公司第一、二季度现金流量表,并分析该公司现金流状况,判断有没有资金链断裂的风险,公司偿债能力如何。

某公司第一、二季度现金流量表

万元

	1月	2月	3月	4月	5月	6月
收入						
销售收入						
支出						
设备						
货物成本						
销售费用						
工资与薪金						
广告费用						
办公费用						
租金						
公益费用						
保险费						
税费						
利息						
支出总额						
现金流量						
期初资金						
期末资金						

项目实践三 编制某公司第一年末资产负债表

某公司预估2016年年末资产状况如下。

公司有现金:402 400元;应收账款:176 000元;商品存货:52 700元;其他资产:17 200元;固定资产:1 320 000元;折旧:327 600。

应付账款:102 200元;长期流动负债:40 800元;流动资产:143 000元;长期负债:1 250 200元;总资本金:200 000元;未分配利润:47 500元。

请根据上述预估数据,编制该公司2016年年末的资产负债表。

某公司第一年年末资产负债表

2016 年 12 月 31 日 元

资　产		负债及所有者权益	
流动资产		流动负债	
现金		应负账款	
应收账款		长期负债的流动部分	
商品库存		流动资产总额	
其他		长期负债	
流动资产总额		应付票据	
固定资产		负债总额	
设备		所有者权益	
减:折旧		资本金	
固定资产总额		未分配利润	
资产总额		所有者权益总额	
		负债及所有者权益总额	

项目八

知晓法律常识

项目目标

1. 学习合同法知识，防范交易风险。
2. 了解商标法常识，保护企业权益。
3. 树立质量意识，履行质量义务。
4. 学习税法常识，履行纳税义务。
5. 了解劳动制度，依法雇工用工。

导学案例　　**大学生创业为何"被坑"**

2013 年 12 月，当时还在桂林航天工业学院就读的刘晨和同学一起创业，筹划开展手机销售业务。经朋友介绍，刘晨结识了一位在学校开了家实体数码店、"挺有实力的"供货商赵刚（化名）。

赵刚自称是某品牌手机桂林市区域代理商，并出示了自己的营业执照和向其他人订购手机的合同。赵刚还告诉刘晨，刘晨认识的两个朋友都跟他有过交易。种种信息让刘晨逐渐相信了赵刚。2013 年 12 月 16 日，刘晨和他的创业团队决定跟赵刚订购 220 部手机，对方保证在 5 天内交付完手机，但约定的时间过去了，这批货却迟迟没送到。

之后，赵刚又以只要下新单，就可以让厂家恢复正常供货为由，不断催促刘晨的创业团队继续投钱下单，刘晨前后共计投入 39.6 万元订购了 720 部手机，最后却只拿到 50 部。

在与桂林地区其他院校的大学生创业团队沟通后，刘晨才得知自己并不是唯一创业"被坑"的人。桂林电子科技大学、桂林理工大学和广西师范大学漓江学院等院校的多个大学生创业团队都有类似遭遇，赵刚未履行的货款金额达 270 余万元。

2014年年初,"被坑"的大学生创业者向桂林警方报案。但由于交易合同签订不完善,甚至有的学生团队在交易时根本没有签订书面合同,交货时的凭证也保存得不够详细完整,使得调查取证更加困难。赵刚被警方拘留了一段时间后,桂林市七星区检察院以证据不足为由做出了不予批捕的决定,赵刚获释。

大学生创业者普遍对作为市场规则的相关法律缺乏清楚的认识,对创业中可能遭遇的合同诈骗、供应商跑路等情况更是不甚了解。中国青年报的一项调查发现,近五成(49.74%)的受访大学生创业者对合同诈骗及形式不清楚,还有近三成受访者表示会一次性与"好朋友或信得过"的合作伙伴签订大额合同。热衷创业是好事,但大学生近五成受访者不清楚合同诈骗和形式,并屡屡被骗,说明大学生对创业经营活动中的法律知识缺乏必要的了解。

知识讲坛

任务一 学习合同法,严格履约

大家千万不要急功近利,如果认为现在就要人人做比尔·盖茨,我认为特别危险。

——韩启德

《合同法》(全称《中华人民共和国合同法》)是调整平等主体之间的交易关系的法律,它主要规定合同的订立、合同的效力及合同的履行、变更、解除、保全、违约责任等问题。

一、合同的含义和法律特征

合同是双方或多方当事人(自然人或法人)关于建立、变更、终止民事法律关系的协议。合同有时也泛指发生一定权利义务关系的协议,又称契约,如买卖合同、师徒合同、劳动合同,以及工厂与车间订立的承包合同等。

合同具有以下几个方面的特征。

① 合同是双方的法律行为,即需要两个或两个以上的当事人互为意思表示(意思表示就是将能够发生民事法律效果的意思表现于外部的行为)。

② 双方当事人意思表示须达成协议,即意思表示要一致。

③ 合同系以发生、变更、终止民事法律关系为目的。

④ 合同是当事人在符合法律规范要求条件下达成的协议,故应为合法行为。

合同一经成立即具有法律效力,在双方当事人之间就发生了权利义务关系,或者使原有的民事法律关系发生变更或终止。当事人一方或双方未按合同履行义务,就要依照合同或法律承担违约责任。

二、合同的分类

依据不同的标准,合同可以分为不同的类别。

(一)计划合同与普通合同

凡直接根据国家计划而签订的合同,称为计划合同,如企业法人根据国家计划签订的购销合同、建设工程承包合同等。普通合同也称非计划合同,它不以国家计划为合同成立的前提。公民间的合同是典型的非计划合同。我国经济体制改革以来,计划合同日趋减少。在社会主义市场经济条件下,计划合同已被控制在很小的范围之内。

(二)双务合同与单务合同

双务合同即缔约双方相互负担义务,双方的义务与权利相互关联、互为因果的合同,如买卖合同、承揽合同等。单务合同指仅由当事人一方负担义务,而他方只享有权利的合同,如赠予、无息借贷、无偿保管等合同。

(三)有偿合同与无偿合同

有偿合同为合同当事人一方因取得权利须向对方偿付一定代价的合同。无偿合同即当事人一方只取得权利而不偿付代价的合同,故又称恩惠合同。前者如买卖、互易合同等,后者如赠予、使用合同等。

(四)诺成合同与实践合同

以当事人双方意思表示一致,合同即告成立的,为诺成合同。除双方当事人意思表示一致外,尚须实物给付,合同始能成立的,为实践合同,也称要物合同。

(五)要式合同与不要式合同

要式合同,是指法律规定必须采取一定形式的合同;反之,法律不要求采取特定形式的合同则为不要式合同。根据合同自由原则,当事人有权选择合同形式,故合同以不要式合同为常态,但对于一些重要的交易,如不动产买卖,法律通常规定当事人应当采取特定的形式订立合同。

(六)主合同与从合同

凡不依他种合同的存在为前提而能独立成立的合同,称为主合同。凡必须以他种合同的存在为前提始能成立的合同,称为从合同。例如,债权合同为主合同,保证该合同债务之履行的保证合同为从合同。从合同以主合同的存在为前提,故主合同终止时,从合同原则上也随之终止;反之,从合同的终止,并不影响主合同的效力。

三、合同的签订

签订合同一般要经过要约和承诺两个步骤。

（一）要约

要约为当事人一方向他方提出订立合同的要求或建议。提出要约的一方称为要约人。在要约里，要约人除表示想签订合同的愿望外，还必须明确提出足以决定合同内容的基本条款。要约可以向特定的人提出，也可向不特定的人提出。要约人可以规定要约承诺期限，即要约的有效期限。在要约的有效期限内，要约人受其要约的约束，即有与接受要约者订立合同的义务；出卖特定物的要约人，不得再向第三人提出同样的要约或订立同样的合同。要约没有规定承诺期限的，可按通常合理的时间确定。对于超过承诺期限或已被撤销的要约，要约人则不受其拘束。

（二）承诺

承诺为当事人一方对他方提出的要约表示完全同意。同意要约的一方称为要约受领人，或受要约人。受要约人对要约表示承诺，其合同即告成立，受要约人就要承担履行合同的义务。对要约内容的扩张、限制或变更的承诺，一般可视为拒绝要约而为新的要约，对方承诺新要约，合同即成立。

四、合同的形式

合同的形式是指合同双方当事人关于建立合同关系的意思表示的方式。我国的合同形式有口头合同、书面合同和经公证、鉴证或审核批准的书面合同等。

（一）口头合同

口头合同是以口头的（包括电话等）意思表示方式而建立的合同。口头合同发生纠纷时，难以举证和分清责任。不少国家对于责任重大的或一定金额以上的合同，限制使用口头形式。

（二）书面合同

书面合同即以文字的意思表示方式（包括书信、电报、契券等）而订立的合同，或者把口头的协议做成书契、备忘录等。书面形式有利于分清是非责任、督促当事人履行合同。我国法律要求法人之间的合同除即时清结者外，应以书面形式签订。其他国家也有适用书面合同的规定。

（三）经公证、鉴证或审核批准的合同

合同公证是国家公证机关根据合同当事人的申请，对合同的真实性及合法性所做的证

明。经公证的合同,具有较强的证据效力,可作为法院判决或强制执行的根据。对于依法或依约定须经公证的合同,不经公证则合同无效。

合同鉴证是我国工商行政管理机关和国家经济主管部门,应合同当事人的申请,依照法定程序,对当事人之间的合同进行的鉴证。鉴证机关认为合同内容有修改的必要时,有权要求当事人双方予以改正。鉴证机关还有监督合同履行的权力,故鉴证具有行政监督的特点。目前我国合同鉴证除部门或地方性法规有明确规定的以外,一般由当事人自愿决定是否鉴证。

合同的审核批准,指按照国家法律或主管机关的规定,某类合同或一定金额以上的合同,必须经主管机关或上级机关的审核批准,如果这类合同非经上述单位审核批准则不能生效。例如,对外贸易合同即应依法进行审批。

五、合同的内容

《合同法》第十二条规定:合同的内容由当事人约定。其一般包括以下条款。

(一)当事人的名称或姓名与住所

当事人是合同权利义务的承受者,没有当事人,合同权利义务就失去存在的意义,给付和受领给付便无从谈起,因此,订立合同须有当事人这一条款。当事人由其名称或姓名与住所加以特定化、固定化,所以,具体合同条款的草拟必须写清当事人的名称或姓名与住所。

(二)标的

标的是合同权利义务执行的对象。合同不规定标的,就会失去目的,失去意义。可见,标的是一切合同的主要条款。《合同法》第十二条所指标的,主要指标的物,因而规定有标的的质量、标的的数量。

(三)质量与数量

标的(物)的质量和数量是确定合同标的(物)的具体条件,是这一标的(物)区别于同类另一标的(物)的具体特征。标的(物)的质量需规定得详细具体,如标的(物)的技术指标、质量要求、规格、型号等要明确。标的(物)的数量要确切:首先应选择双方共同接受的计量单位;其次要确定双方认可的计量方法;再次应允许规定合理的磅差或尾差。

(四)价款或酬金

价款是取得标的物所应支付的代价,酬金是获得服务所应支付的代价。价款,通常指标的物本身的价款,但因商业上的大宗买卖一般是异地交货,便产生了运费、保险费、装卸费、保管费、报关费等一系列额外费用。它们由哪一方支付,需在价款条款中写明。

(五)履行的期限、地点、方式

履行期限直接关系到合同义务完成的时间,涉及当事人的期限利益,也是确定违约与否的因素之一,十分重要。履行期限可以规定为即时履行,也可以规定为定时履行,还可以规定为在一定期限内履行。如果是分期履行,尚应写明每期的准确时间。

履行地点是确定验收地点的依据,是确定运输费用由谁负担、风险由谁承受的依据。有时是确定标的物所有权是否转移、何时转移的依据,还是确定诉讼管辖的依据之一。对于涉外合同纠纷,它是确定法律适用的一项依据,十分重要。

履行方式,例如,是一次交付还是分期分批交付,是交付实物还是交付标的物的所有权凭证,是铁路运输还是空运、水运等,同样事关合同当事人的物质利益,合同应写明。但对于大多数合同来说,它不是主要条款。

履行的期限、地点、方式若能通过有关方式推定,则合同即使欠缺这些内容也不影响成立。

(六) 违约责任

违约责任的形式,即承担违约责任的具体方式。对此,《民法通则》(全称《中华人民共和国民法通则》)第一百一十一条和《合同法》第一百零七条做了明文规定。《合同法》第一百零七条规定:当事人一方不履行合同义务或者履行合同义务不符合约定的,应当承担继续履行、采取补救措施或者赔偿损失等违约责任。据此,违约责任有 3 种基本形式,即继续履行、采取补救措施和赔偿损失。当然,除此之外,违约责任还有其他形式,如违约金和定金责任。

(七) 解决争议的方法

解决争议的方法,是指有关解决争议运用什么程序、适用何种法律、选择哪家检验或鉴定机构等内容。当事人双方在合同中约定的仲裁条款,选择诉讼法院的条款,选择检验或鉴定机构的条款,涉外合同中的法律适用条款、协商解决争议的条款等,均属解决争议的方法的条款。

任务二　了解商标法,维权不侵权

我认为做企业要有这些素质,特别在中国市场上,那就是:诗人的想象力、科学家的敏锐、哲学家的头脑、战略家的本领。

——宗庆后

《商标法》(全称《中华人民共和国商标法》)是指调整商标在注册、使用、管理和对商标专用权的保护过程中所发生的各种社会关系的法律规范的总称。凡是因商标注册、商标使用和转让、商标管理,以及制裁反商标法行为的过程中发生的各种社会关系,都是《商标法》调整的对象。《商标法》经 1982 年 8 月 23 日五届全国人大常委会第 24 次会议通过;根据 2013 年 8 月 30 日十二届全国人大常委会第 4 次会议《关于修改〈中华人民共和国商标法〉

的决定》第3次修正。《商标法》包括总则，商标注册的申请，商标注册的审查和核准，注册商标的续展、变更、转让和使用许可，注册商标的无效宣告，商标使用的管理，注册商标专用权的保护，附则。

资料卡

新百伦商标纠纷案 New Balance 二审被判赔偿 500 万元

美国 New Balance 公司拥有 N、NB、NEW BALANCE 商标。2007 年 11 月 1 日，New Balance 公司授权新百伦公司（2006 年 12 月成立）在中国境内使用上述商标。之后，新百伦公司在"天猫商城"开设了"新百伦官方旗舰店"，在官方网站中使用"新百伦（中国）官方网站""new balance 新百伦"等字样。

2013 年 7 月 15 日，周某某以新百伦公司侵犯其"百伦""新百伦"注册商标专用权为由，向广州市中级人民法院提起诉讼，请求判令被告停止侵权，并赔偿经济损失 9 800 万元，并提供了多份证据，证明其实际使用了"百伦""新百伦"商标。一审法院认为，周某某"百伦""新百伦"注册商标至今合法有效，其注册商标专用权应受法律保护。新百伦公司在类似商品上使用与周某某"百伦""新百伦"注册商标相同或近似的"新百伦"标识，导致相关公众的混淆，侵害了周某某的注册商标专用权，应承担停止侵权、赔偿经济损失、消除影响等责任。综合考虑新百伦公司主要是在销售过程中使用"新百伦"来介绍和宣传其产品，属于销售行为侵权等因素，故酌情判定新百伦公司向周某某赔偿的数额应占其获利总额的二分之一，即 9 800 万元（含合理支出）。新百伦公司不服，提起上诉。

广东省高级人民法院对"新百伦"商标纠纷案进行二审，法院判令新百伦公司立即停止侵害周某某"百伦""新百伦"注册商标权，并赔偿周某某 500 万元，新百伦公司需在其开设的"新百伦（中国）官方网站""new balance 旗舰店""new balance 童鞋旗舰店"的首页刊登声明消除影响。

一、商标

商标就是商品的牌子，是商品的生产者、经营者在其生产、制造、加工、拣选或经销的商品上或者服务的提供者在其提供的服务上采用的，用于区别商品或服务来源的，由文字、图形、字母、数字、三维标志、声音、颜色组合，或上述要素的组合，具有显著特征的标志，是现代经济的产物。在商业领域而言，商标包括文字、图形、字母、数字、三维标志和颜色组合，以及上述要素的组合，均可作为商标申请注册。经国家核准注册的商标为"注册商标"，受法律保护。商标通过确保商标注册人享有用以标明商品或服务，或者许可他人使用以获取报酬的专用权，而使商标注册人受到保护。

二、商标权的取得

取得商标权利的基本渠道分两种：一种是原始取得，一种是继受取得。前者是指商标权通过注册、使用或驰名，完全是第一次产生；后者则是商标权发生了转让或继承。

三、商标注册的原则

商标注册，是指商标使用人将其使用的商标依照法律规定的条件和程序，向国家商标主管机关（国家工商总局商标局）提出注册申请，经国家商标主管机关依法审查，准予注册登记的法律事实。在我国，商标注册是商标得到法律保护的前提，是确定商标专用权的法律依据。商标使用人一旦获准商标注册，就标志着它获得了该商标的专用权，并受到法律的保护。

（一）申请在先原则

申请在先原则是指两个或两个以上的申请人，在同一种商品或类似商品上，以相同或近似的商标申请注册的，商标局受理最先提出的商标注册申请，对在后的商标注册申请予以驳回。申请在先是根据申请人提出商标注册申请的日期来确定的，商标注册的申请日期以商标局收到申请书件的日期为准。因此，应当以商标局收到申请书件的日期作为判定申请在先的标准。

我国《商标法》在坚持申请在先原则的同时，还强调使用在先的正当性，防止不正当的抢注行为。《商标法》第二十九条规定："两个或者两个以上的商标注册申请人，在同一种商品或者类似商品上，以相同或者近似的商标申请注册的，初步审定并公告申请在先的商标；同一天申请的，初步审定并公告使用在先的商标，驳回其他人的申请，不予公告。"

（二）自愿注册原则

自愿注册原则是指商标使用人是否申请商标注册取决于自己的意愿。在自愿注册原则下，商标注册人对其注册商标享有专用权，受法律保护。未经注册的商标，可以在生产服务中使用，但其使用人不享有专用权，无权禁止他人在同种或类似商品上使用与其商标相同或近似的商标，但驰名商标除外。

在实行自愿注册原则的同时，我国规定了在极少数商品上使用的商标实行强制注册原则，作为对自愿注册原则的补充。目前必须使用注册商标的商品只有烟草制品，包括卷烟、雪茄烟和有包装的烟丝。使用未注册商标的烟草制品，禁止生产和销售。

四、商标注册流程

商标注册流程如图 8-1 所示。

```
┌──────┐
│ 咨询 │◄──────────────────────────────────────────┐
└──┬───┘                                              │
   ▼                                                  │
┌──────┐      ┌──────────┐      ┌──────────┐          │
│ 查询 │─────►│ 有在先权利│─────►│ 另起名称 │          │
└──┬───┘      └──────────┘      └──────────┘          │
   ▼                                                  │
┌──────────────┐                                      │
│ 办理申请手续 │                                      │
└──────┬───────┘                                      │
       ▼                                              │
┌──────────────┐                                      │
│ 提交国家商标局│                                      │
└──────┬───────┘                                      │
       ▼                                              │
┌──────────────┐      ┌──────────────────┐            │
│ 商标局受理   │─────►│ 寄发受理通知书   │            │
└──────┬───────┘      └──────────────────┘            │
       ▼                                              │
┌──────────────┐      ┌────────────────────────────┐  │
│ 商标局审查   │─────►│ 违反禁用条款或与在先权利冲突│  │
└──────┬───────┘      └──────────────┬─────────────┘  │
       ▼                              ▼                │
┌──────────────┐      ┌──────────────────┐            │
│ 审查通过     │      │ 驳回或部分驳回   │            │
└──────┬───────┘      └──────────────────┘            │
       ▼                                              │
┌──────────────┐      ┌──────────────────┐            │
│ 初步审定公告 │─────►│ 寄发当期《商标公告》│          │
└──────┬───────┘      └──────────────────┘            │
异议期3 │                                              │
个月   ▼                                              │
       │              ┌──────────────┐  ┌──────────┐  │
       ├─────────────►│ 他人提出异议 │─►│ 申请人答辩│─┘
       ▼              └──────────────┘  └──────────┘
┌──────────────┐
│ 核发商标注册证│
└──────────────┘
```

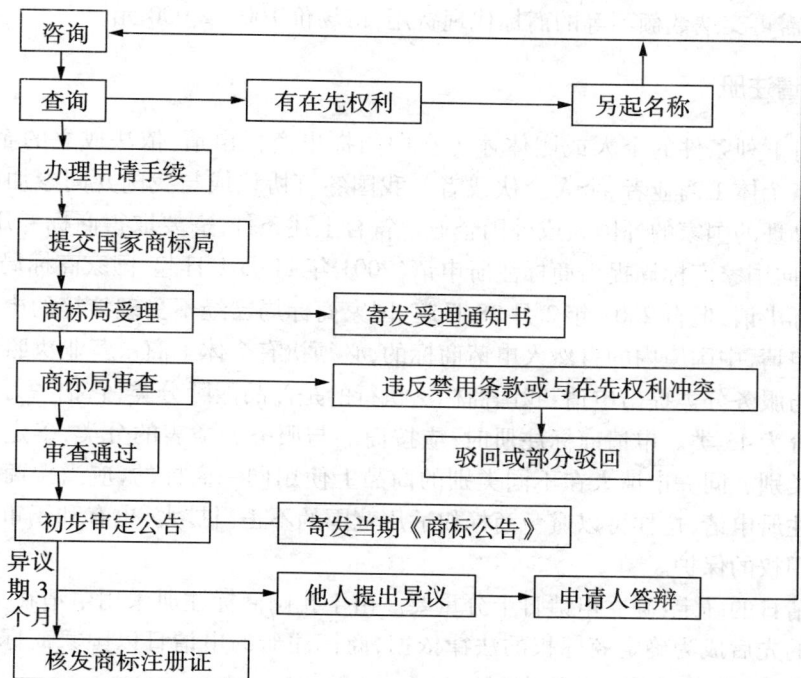

图 8-1　商标注册流程

商标注册具体流程:商标查询(2 天内)───► 申请文件准备(3 天内)───► 提交申请(2 天内)───► 缴纳商标注册费用───► 商标形式审查(1 个月)───► 下发商标受理通知书───► 商标实质审查(9 个月)───► 商标公告(3 个月)───► 颁发商标证书。

（一）注册准备

① 选择注册方式。一种是自己到国家商标局(办公地在北京,全称国家工商行政管理总局商标局)办理商标注册事宜(我国《商标法》允许本国公民直接向商标局申请商标注册);另一种方式是委托一家经验丰富的商标代理组织提供商标代理服务,这样会节省自己大量的时间与精力,当然,对方会收取相应的服务费。

② 商标在先注册权利的查询工作。商标查询虽然不是注册商标的必经程序(遵循自愿查询原则),但此项工作可以大大减少商标注册的风险,提高商标注册的把握性。注册商标之前,找一家专业的商标查询公司或一家具备完善的商标查询条件的商标代理组织是十分重要的。

③ 申请商标资料的准备。如果是以个人名义提出申请,需出示身份证、个体工商户营业执照的复印件;如果是以企业作为申请人来申请注册,需出示企业营业执照副本及提供经发证机关签章的营业执照复印件,盖有单位公章及个人签字的填写完整的商标注册申请书。提供商标图样 10 张(指定颜色的彩色商标,应交着色图样 10 张,黑白墨稿 1 张)。提供的商标图样必须清晰,便于粘贴,用光洁耐用纸张或用照片代替,长和宽不大于 10 厘米,不小于 5 厘米。商标图样方向不清的,应用箭头标明上下方。申请卷烟、雪茄烟商标,图样可以与实际使用的同样大。准备相应的注册费用:注册的商标规费,每件 600 元。如果委托商标代理

组织办理,则需再交纳数额不等的商标代理费用,市场价 100 ~ 2 000 元。

(二)申请注册

只有具有下列条件的个人或团体才可在中国提出商标申请:依法成立的企业、事业单位、社会团体、个体工商业者、个人合伙或者与我国签订协议或与我国共同参加国际条约或按对等原则办理的国家的外国人或外国企业。符合上述条件,需要取得商标专用权时,按照自愿的原则,向国家商标局提出商标注册申请(2001 年 11 月 1 日起,国家商标局开始受理自然人注册商标申请,但自 2007 年 2 月 28 日起,国家商标局已经不受理纯粹的中国境内自然人注册商标申请,中国境内的自然人申请商标的,必须执有个体工商户营业执照)。

按商品与服务分类提出申请:我国商标法执行的是商品国际分类,它把一万余种的商品和服务项目分为 45 类。申请商标注册时,应按商品与服务分类表的分类,确定使用商标的商品或服务类别。同一申请人在不同类别的商品上使用同一商标的,应当按商品分类在不同类别提出注册申请,这样可以避免商标权适用范围的不正当扩大,也有利于审查人员的核准和商标专用权的保护。

商标申请日的确定:确立申请日十分重要。由于我国商标注册采用申请在先原则,一旦发生申请日的先后成为确定商标权的法律依据,商标注册的申请日以国家商标局收到申请书件的日期为准(日期的最小单位为"日")。

商标申请注册的方式:通过商标代理组织提交商标注册的,商标代理组织可以通过纸件方式向国家商标局提交申请;商标代理组织向国家商标局申请网上报送的,可以向国家商标局领取数字证书进行网络申报。以纸件方式申报的,商标申请日为国家商标局收到申请文件之日;以网络方式申报的,以网络申报日为申请日。

(三)商标审查

商标审查是商标注册主管机关对商标注册申请是否合乎《商标法》的规定所进行的检查、资料检索、分析对比、调查研究,并决定给予初步审定或驳回申请等一系列活动。

(四)商标审定

商标审定是指商标注册申请经审查后,对未违反《商标法》有关规定并符合的,允许其商标注册,并在《商标公告》中予以公告。

(五)注册生效

初步审定的商标自刊登初步审定公告之日起 3 个月内没有人提出异议或提出异议经裁定不成立的,该商标即注册生效,受法律保护,同时刊登《注册公告》,商标注册人享有该商标的专用权。一个商标从申请到核准注册,需一年至一年半时间。注册商标有效期为 10 年,自核准注册之日起计算。注册商标有效期满,需要继续使用的,可以申请商标续展注册。

(六)领取商标证

通过代理人办理商标注册的,由代理人向商标注册人发送商标注册证。直接办理商标注册的,商标注册人应在接到《领取商标注册证通知书》后 3 个月内到国家商标局领证,同时还应携带:领取商标注册证的介绍信;领证人身份证及复印件;营业执照副本原件,复印件应加盖当地工商部门的章戳;《领取商标注册证通知书》;商标注册人名义变更的需附送工作部门出具的变更证明。

任务三　学习质量法,保障产品质量

质量是维护顾客忠诚的最好保证。

——杰克·韦尔奇

为了加强对产品质量的监督管理,提高产品质量水平,明确产品质量责任,保护消费者的合法权益,维护社会经济秩序,我国制定了《中华人民共和国产品质量法》(简称《产品质量法》),自 1993 年 9 月 1 日起施行。该法于 2000 年 7 月 8 日和 2009 年 8 月 27 日两次修订。

一、《产品质量法》的适用范围

《产品质量法》第二条第一款规定:"在中华人民共和国境内从事产品生产、销售活动,必须遵守本法。"凡在我国境内从事产品的生产、销售活动,包括进口产品在我国国内的销售,都必须遵守本法的规定。既要遵守本法有关对产品质量行政监督的规定。同时对因产品存在缺陷造成他人人身、财产损害的,也要依照本法关于产品责任的规定承担赔偿责任。

二、产品与产品质量

(一) 产品的含义

我国《产品质量法》第二条第二款规定:"本法所称产品是指经过加工、制作,用于销售的产品。"同时,又规定:"建设工程不适用本法规定;但是,建设工程使用的建筑材料、建筑物配件和设备,属于前款规定的产品范围的,适用本法规定。"第七十三条同时规定:"军工产品质量监督管理办法,由国务院、中央军事委员会另行制定。"

下列物品不适用《产品质量法》:①天然物品,如煤、油、水等;②农副产品;③初级加工品;④建筑工程;⑤专门用于军事的物品;⑥人体的器官及其组织体。

(二) 产品质量的含义与分类

在我国,产品质量是指国家有关法律、法规、质量标准及合同规定的对产品适用性、安全性和其他特性的要求。根据"需要"是否符合法律的规定，是否满足用户、消费者的要求，以及符合、满足的程度，产品质量可分为合格与不合格两大类。合格又分为符合国家质量标准、符合部级质量标准、符合行业质量标准和符合企业自定质量标准4类。

不合格产品包括：瑕疵、缺陷、劣质、假冒。瑕疵是指产品质量不符合用户、消费者所需的某些要求，但不存在危及人身、财产安全的不合理危险，或者未丧失原有的使用价值。产品瑕疵可分为表面瑕疵和隐蔽瑕疵两种。缺陷是指产品存在危及人体健康、人身、财产安全的不合理危险，包括设计上的缺陷、制造上的缺陷和未预先通知的缺陷。劣质是指其标明的成分的含量与法律规定的标准不符，或已超过有效使用期限的产品。假冒是指该产品根本未含法律规定的标准的内容，以及非法生产、已经变质的根本不能作为某产品使用的产品。

三、产品质量责任

产品质量责任是指产品的生产者、销售者及对产品质量负有直接责任的人违反《产品质量法》规定的产品质量义务应承担的法律后果。生产者、销售者违反产品质量义务的行为表现为：生产者、销售者违反法律、法规对产品质量所做的强制性要求；生产者、销售者违反就产品质量向消费者所做的说明或陈述；产品存在缺陷。

（一）违反默示担保义务

默示担保义务即国家法律、法规规定的产品质量要求。例如，产品不得存在危及人身财产安全的不合理危险，符合安全卫生国家标准、行业标准中的安全卫生指标要求；产品必须具备应当具备的使用性能，等等。这是法律对产品质量规定的默示担保义务，不得以任何形式予以排除和限制。

（二）违反明示担保义务

明示担保义务即明示采用的产品标准，以及以产品说明、实物样品等方式表明的质量状况。明示担保是生产者、销售者自身对产品质量做出的保证和承诺，可以用产品说明、产品标识、广告、实物样品或其他方式表示。

（三）产品存在缺陷

产品存在缺陷即产品存在危及他人人身、财产安全的不合理危险，并因此造成了用户和消费者人身伤害或财产损失。产品存在缺陷是承担侵犯赔偿责任的首要条件。应当注意的是，产品不符合安全卫生国家标准、行业标准的安全卫生标准，证明产品存在缺陷。但是，并不意味着产品符合了安全、卫生标准，就不存在缺陷了，缺陷的核心是存在不合理的危险，这种危险有时是潜在的。

产品质量不符合上述三方面规定之一的，生产者、销售者应当依法承担相应的行政责任、民事责任和刑事责任。对于违反默示担保义务和明示担保义务的，生产者、销售者要承担责任，且并不以是否造成损害后果为前提。对于产品缺陷而言，则只有造成了损害后果，才能承担赔偿责任。

四、生产者的产品质量义务

生产者的产品质量义务如下。

① 生产者应当对其生产的产品负责,并使其生产的产品质量符合下列要求:不存在危及人身、财产安全的不合理危险,有保障人体健康和人身、财产安全的国家标准、行业标准的,应当符合该标准;具备产品应当具备的使用性能,但是,对产品存在使用性能的瑕疵做出说明的除外;符合在产品或其包装上注明采用的产品标准,符合以产品说明、实物样品等方式表明的质量状况。

② 遵守产品质量表示制度。产品或其包装上的标识应当符合下列要求:有产品质量检验合格证明;有中文标明的产品名称、生产厂家的厂名和厂址;根据产品的特点和使用要求,需要标明产品规格、等级、所含主要成分的名称和含量的,用中文相应予以标明;需要事先让消费者知晓的,应当在外包装上标明,或者预先向消费者提供有关资料;限期使用的产品,应当在显著位置清晰地标明生产日期和安全使用期或失效日期;使用不当,容易造成产品本身损坏或可能危及人身、财产安全的产品,应有警示标志或中文警示说明。裸装的食品和其他根据产品的特点难以附加标识的裸装产品,可以不附加产品标识。

③ 易碎、易燃、易爆、有毒、有腐蚀性、有放射性等危险物品以及储运中不能倒置或其他有特殊要求的产品,其包装质量必须符合相应要求,依照国家有关规定做出警示标志或中文警示说明,标明储运注意事项。

④ 生产者不得生产国家明令淘汰的产品。

⑤ 生产者不得伪造产地;不得伪造或冒用他人的厂名、厂址;不得伪装或冒充合格产品。

五、销售者的产品质量义务

(一)进货验收义务

销售者应当建立并执行进货检查验收制度。该制度相对消费者及国家市场管理秩序而言是销售者的义务,相对供货商而言则是销售者的权利。严格执行进货验收制度,可以防止不合格产品进入市场,可以为准确判断和区分生产者及销售者的产品质量责任提供依据。

(二)保持产品质量的义务

销售者进货后应对保持产品质量负责,以防止产品变质、腐烂,丧失或降低使用性能,产生危害人身、财产的瑕疵等。如果进货时的产品符合质量要求,销售时发生质量问题的,销售者应当承担相应的责任。

(三)有关产品标识的义务

销售者在销售产品时,应保证产品标识符合《产品质量法》对产品标识的要求,符合进货时验收的状态,不得更改、覆盖、涂抹产品标识,以保证产品标识的真实性。

(四)不得违反禁止性规范

对销售者而言,法律规定的禁止性规范有以下各项。

① 不得销售国家明令淘汰并停止销售的产品和失效、变质的产品。

② 不得伪造产地,不得伪造或冒用他人的厂名、厂址。

③ 不得伪造或冒用认证标志、名优标志等质量标志。

④ 不得掺杂、掺假,不得以假充真、以次充好,不得以不合格产品冒充合格产品。

资料卡

保障公众"舌尖上的安全"

2015 年 4 月 24 日,十二届全国人大常委会第十四次会议表决通过了新修订的《食品安全法》(全称《中华人民共和国食品安全法》),自 10 月 1 日起正式施行。本法第二条第一款分项详细规定了在中华人民共和国境内从事以下 6 项活动应当遵守食品安全法:①食品生产和加工,食品销售和餐饮服务;②食品添加剂的生产经营;③用于食品的包装材料、容器、洗涤剂、消毒剂和用于食品生产经营的工具、设备的生产经营;④食品生产经营者使用食品添加剂、食品相关产品;⑤食品的储存和运输;⑥对食品、食品添加剂、食品相关产品的安全管理。

新修订的《食品安全法》被称为"史上最严",它设置了 6 个方面的罚则确保"重典治乱",保障公众"舌尖上的安全"。

一是强化刑事责任追究。新法首先要求执法部门对违法行为进行一个判断,如果构成犯罪,就直接由公安部门进行侦查,追究刑事责任;如果不构成刑事犯罪,才是由行政执法部门进行行政处罚。此外还规定,行为人因食品安全犯罪被判处有期徒刑以上刑罚,则终身不得从事食品生产经营的管理工作。

二是增设了行政拘留。新法对用非食品原料生产食品、经营病死畜禽、违法使用剧毒高毒农药等严重行为增设拘留行政处罚。

三是大幅提高了罚款额度。例如,对生产经营添加药品的食品、生产经营营养成分不符合国家标准的婴幼儿配方乳粉等性质恶劣的违法行为,修订前食品安全法规定最高可以处罚货值金额 10 倍的罚款,新法规定最高可以处罚货值金额 30 倍的罚款。

四是对重复违法行为加大处罚。新法规定,行为人在一年内累计 3 次因违法受到罚款、警告等行政处罚的,给予责令停产停业直至吊销许可证的处罚。

五是非法提供场所增设罚则。新法对明知从事无证生产经营或从事非法添加非食用物质等违法行为,仍然为其提供生产经营场所的行为,规定最高处以 10 万元罚款。

六是强化民事责任追究。新法增设首负责任制,要求接到消费者赔偿请求的生产经营者应当先行赔付,不得推诿;同时消费者在法定情形下可以要求 10 倍价款或 3 倍损失的惩罚性赔偿金。此外,新法还强化了民事连带责任,规定对网络交易第三方平台提供者未能履行法定义务、食品检验机构出具虚假检验报告、认证机构出具虚假的论证结论,使消费者合法权益受到损害的,应与相关生产经营者承担连带责任。

任务四　学习税法,依法纳税

在取利过程中如果你是依法挣钱、依法纳税,这个取利的过程就是取义,只有取义才能取大利。比如社会发展方向,股东分红、员工要工资、政府要纳税,这就是义,而且,往往只有你先接受义之后才能挣大钱。

——冯仑

一、企业所得税

企业所得税是指对中华人民共和国境内的企业(居民企业及非居民企业)和其他取得收入的组织以其生产经营所得为课税对象所征收的一种所得税。

(一)纳税人和征收对象

依照《中华人民共和国企业所得税法》(简称《企业所得税法》)的规定,企业所得税纳税人包括 6 类:国有企业、集体企业、私营企业、联营企业、股份制企业、有生产经营所得和其他所得的其他组织。有生产经营所得和其他所得的其他组织,是指经国家有关部门批准,依法注册、登记的,有生产经营所得和其他所得的事业单位、社会团体等组织。

个人独资企业和合伙企业不需缴纳企业所得税,只需要缴纳个人所得税即可,避免重复征税。

企业所得税的征税对象是纳税人取得的所得,包括销售货物所得、提供劳务所得、转让财产所得、股息红利所得、利息所得、租金所得、特许权使用费所得、接受捐赠所得和其他所得。

（二）纳税年度

纳税年度从公历 1 月 1 日起至 12 月 31 日止。纳税人在一个纳税年度中间开业，或者由于合并、关闭等原因，使该纳税年度的实际经营期不足 12 个月的，应当以其实际经营期为一个纳税年度；纳税人清算时，应当以清算期间为一个纳税年度。

（三）纳税申报

《企业所得税法》第五十四条规定如下。

① 企业所得税分月或分季预缴。

② 企业应当自月份或季度终了之日起 15 日内，无论盈利或亏损，都应向税务机关报送预缴企业所得税纳税申报表，预缴税款。

③ 企业应当自年度终了之日起 5 个月内，向税务机关报送年度企业所得税纳税申报表，并汇算清缴，结清应缴应退税款。

④ 企业在报送企业所得税纳税申报表时，应当按照规定附送财务会计报告和其他有关资料。

⑤ 纳税人在规定的申报期申报确有困难的，可报经主管税务机关批准，延期申报。

（四）纳税申报的准备事项

① 做好年终盘点工作，对企业的资产及债权进行盘点核对，对清理出来的需报批的财产损失，连同年度内发生的财产损失，及时准备报批材料向主管税务机关报批。

② 检查有无应计未计、应提未提费用，在 12 月份及时做出补提补计，做到应提均提、应计均计。

③ 查阅以前年度的所得税纳税申报资料（最好建立纳税调整台账），查找与本期纳税申报有关系的事项。

④ 对年度账务进行梳理，整理本年度发生的纳税调整事项，做到心中有数。能通过账务处理的，最好在年度结账前进行处理。

⑤ 注意其他税种的"汇算清缴"。企业所得税纳税申报是对账务一次详细的梳理过程，其间发现的其他涉税问题也应一并处理，如视同销售漏交的增值税，未按查补缴纳的增值税计缴的城建税、教育费附加，未及时申报的印花税等。税务机关在对企业所得税汇算清缴时也会对相关涉税问题一并检查并做出处理。

⑥ 年度中做预缴申报时，在不造成多缴所得税的情况下，需做纳税调整的尽量做纳税调整。虽然不做纳税调整也不构成偷税，但这样做的好处：一是能及时记录反映纳税调整事项，二是能及时反映调整后的应纳税所得额。

对于预缴申报时不能及时做纳税调整的事项，应养成及时记录的习惯。

⑦ 对与企业所得税相关的主要税务法规，结合最新的此类税法，每年至少要细读一遍。

⑧ 在某些事项的处理上，当与主管税务机关理解不一致或税务机关内部人员理解也不一致时，宜采用稳妥、保险的处理方法。

（五）缴纳方式

企业所得税按年计算,但为了保证税款及时、均衡入库,对企业所得税采取分期(按月或季)预缴、年终汇算清缴的办法。纳税人预缴所得税时,应当按纳税期限的实际数预缴,按实际数预缴有困难的,可以按上一年度应纳税所得额的 1/12 或 1/4,或者经当地税务机关认可的其他方法分期预缴所得税。预缴方法一经确定,不得随意改变。

（六）纳税期限和纳税地点

① 纳税期限。按月份或季度预缴税款的纳税人,应在月份或季度终了后 15 日内向主管税务机关进行纳税申报并预缴税款。其中,第四季度的税款也应于季度终了后 15 日内先进行预缴,然后在年度终了后 45 日内进行年度申报,税务机关在 5 个月内进行汇算清缴,多退少补。

② 纳税地点。除国家另有规定者外,企业所得税由纳税人在其所在地主管税务机关就地缴纳。所谓"所在地"是指纳税人的实际经营管理所在地。

企业所得税税率如表 8-1 所示。

表 8-1　企业所得税税率

类　别	适用范围	税率/%	法律依据
基本税率		25	《企业所得税法》第四条
低税率	① 非居民企业在中国境内未设立机构、场所的,或者虽设立机构、场所但取得的所得与其所设机构、场所没有实际联系的,其来源于中国境内的所得 ② 符合条件的小微利企业	20	《企业所得税法》第四条、第二十八条
优惠税率	国家需要重点扶持的高新技术企业	15	《企业所得税法》第二十八条
优惠税率	非居民企业取得《企业所得税法》第二十七条第(五)项规定的所得,也即《企业所得税法》第三条第三款规定的所得;非居民企业在中国境内未设立机构、场所的,或者虽设立机构、场所但取得的所得与其所设机构、场所没有实际联系的,其来源于中国境内的所得	10	《企业所得税法实施条例》第九十一条

二、个人所得税

个人所得税是调整征税机关与自然人(居民、非居民人)之间在个人所得税的征纳与管理过程中所发生的社会关系的法律规范的总称。

（一）纳税义务人

我国个人所得税的纳税义务人是在中国境内居住有所得的人，以及不在中国境内居住而从中国境内取得所得的个人，包括中国国内公民，在华取得所得的外籍人员和港、澳、台同胞。

居民纳税义务人：在中国境内有住所，或者无住所而在境内居住满一年的个人，是居民纳税义务人，应当承担无限纳税义务，即就其在中国境内和境外取得的所得，依法缴纳个人所得税。

非居民纳税义务人：在中国境内无住所又不居住或者无住所而在境内居住不满一年的个人，是非居民纳税义务人，承担有限纳税义务，仅就其从中国境内取得的所得，依法缴纳个人所得税。

（二）征税内容

① 工资、薪金所得，是指个人因任职或受雇而取得的工资、薪金、奖金、年终加薪、劳动分红、津贴、补贴，以及与任职或受雇有关的其他所得。个人取得的所得，只要是与任职、受雇有关，不管其单位是以现金、实物、有价证券等形式支付，还是以其他形式支付，都是工资、薪金所得项目的课税对象。

② 个体工商户的生产、经营所得主要包括以下4个方面。

- 经工商行政管理部门批准开业并领取营业执照的城乡个体工商户，从事工业、手工业、建筑业、交通运输业、商业、饮食业、服务业、修理业及其他行业的生产、经营取得的所得。
- 个人经政府有关部门批准，取得营业执照，从事办学、医疗、咨询，以及其他有偿服务活动取得的所得。
- 其他个人从事个体工商业生产、经营取得的所得，即个人临时从事生产、经营活动取得的所得。
- 上述个体工商户和个人取得的生产、经营有关的各项应税所得。

③ 对企事业单位的承包经营、承租经营所得，是指个人承包经营、承租经营，以及转包、转租取得的所得，包括个人按月或按次取得的工资、薪金性质的所得。

④ 劳务报酬所得，是指个人从事设计、装潢、安装、制图、化验、测试、医疗、法律、会计、咨询、讲学、新闻、广播、翻译、审稿、书画、雕刻、影视、录音、录像、演出、表演、广告、展览、技术服务、介绍服务、经济服务、代办服务，以及其他劳务取得的所得。

⑤ 稿酬所得，是指个人因其作品以图书、报纸形式出版、发表而取得的所得。这里所说的"作品"，是指包括中外文字、图片、乐谱等能以图书、报刊方式出版、发表的作品；"个人作品"，包括本人的著作、翻译的作品等。个人取得遗作稿酬，应按稿酬所得项目计税。

⑥ 特许权使用费所得，是指个人提供专利权、著作权、商标权、非专利技术，以及其他特许权的使用权取得的所得。提供著作权的使用权取得的所得，不包括稿酬所得。作者将自己文字作品手稿原件或复印件公开拍卖（竞价）取得的所得，应按特许权使用费所得项目计税。

⑦ 利息、股息、红利所得,是指个人拥有债权、股权而取得的利息、股息、红利所得。利息是指个人的存款利息(我国宣布 2008 年 10 月 8 日次日开始取消利息税)、货款利息和购买各种债券的利息。股息,也称股利,是指股票持有人根据股份制公司章程规定,凭股票定期从股份公司取得的投资利益。红利,也称公司(企业)分红,是指股份公司或企业根据应分配的利润按股份分配超过股息部分的利润。股份制企业以股票形式向股东个人支付股息、红利,即派发红股,应以派发的股票面额为收入额计税。

⑧ 财产租赁所得,是指个人出租建筑物、土地使用权、机器设备车船及其他财产取得的所得。财产包括动产和不动产。

⑨ 财产转让所得,是指个人转让有价证券、股权、建筑物、土地使用权、机器设备、车船,以及其他自有财产给他人或单位而取得的所得,包括转让不动产和动产取得的所得。对个人股票买卖取得的所得暂不征税。

⑩ 偶然所得,是指个人取得的所得是非经常性的,属于各种机遇性所得,包括得奖、中奖、中彩以及其他偶然性质的所得(含奖金、实物和有价证券)。

⑪ 其他所得,是指经国务院财政部门确定征税的其他所得。

(三) 适用税率

个人所得税根据不同的征税项目,分别规定了 3 种不同的税率。

① 工资、薪金所得,适用七级超额累进税率(见表 8-2),按月应纳税所得额计算征税。该税率按个人月工资、薪金应税所得额划分级距,最高一级为 45%,最低一级为 3%,共7 级。

表 8-2　七级超额累进税率

级　数	全月应纳税所得额	税率/%	速算扣除数
1	不超过 1 500 元	3	0
2	超过 1 500 元至 4 500 元的部分	10	105
3	超过 4 500 元至 9 000 元的部分	20	555
4	超过 9 000 元至 35 000 元的部分	25	1 005
5	超过 35 000 元至 55 000 元的部分	30	2 755
6	超过 55 000 元至 80 000 部分	35	5 505
7	超过 80 000 元的部分	45	13 505

说明:应纳税所得额,是指每月收入金额－各项社会保险金(五险一金)－起征点 3 500 元的余额。

② 个体工商户的生产、经营所得和对企事业单位的承包经营、承租经营所得适用五级超额累进税率(见表 8-3)。最低一级为 5%,最高一级为 35%,共 5 级。

表8-3 五级超额累进税率

级数	含税级距	不含税级距	税率/%	速算扣除数
1	不超过 15 000 元的	不超过 14 250 元的	5	0
2	超过 15 000 元到 30 000 元的部分	超过 14 250 元至 27 750 元的部分	10	750
3	超过 30 000 元至 60 000 元的部分	超过 27 750 元至 51 750 元的部分	20	3 750
4	超过 60 000 元至 100 000 元的部分	超过 51 750 元至 79 750 元的部分	30	9 750
5	超过 100 000 元的部分	超过 79 750 元的部分	35	14 750

说明：

① 含税级距指每一纳税年度的收入总额，减除成本、费用及损失的余额。

② 含税级距适用于个体工商户的生产、经营所得和对企事业单位的承包经营承租经营所得。不含税级距适用于由他人(单位)代付税款的承包经营、承租经营所得。

③ 比例税率。对个人的稿酬所得，劳务报酬所得，特许权使用费所得，利息、股息、红利所得，财产租赁所得，财产转让所得，偶然所得和其他所得，按次计算征收个人所得税，适用20%的比例税率。其中，对稿酬所得适用20%的比例税率，并按应纳税额减征30%；对劳务报酬所得一次性收入畸高的，除按20%征税外，应纳税所得额超过2万元至5万元的部分，依照税法规定计算应纳税额后再按照应纳税额加征五成；超过5万元的部分，加征十成。

任务五 知晓劳动法，依法用工

> 我自己不愿意聘用一个经常在竞争者之间跳跃的人。
>
> ——马云

《中华人民共和国劳动法》(简称《劳动法》)自1995年1月1日起施行，随着社会的发展和客观情况的变化，一些新的用工主体、用工形式不断出现，要求劳动合同制度进行相应的改革。为了完善劳动合同制度，明确劳动合同双方当事人的权利和义务，保护劳动者的合法权益，构建和发展和谐稳定的劳动关系，第十届全国人民代表大会常务委员会第二十八次会议通过并颁布了《中华人民共和国劳动合同法》(简称《劳动合同法》)，自2008年1月1日起施行。《劳动合同法》扩大了《劳动法》的适用范围。

一、《劳动法》和《劳动合同法》的适用范围

根据《劳动法》第二条和1995年劳动部《关于贯彻执行〈中华人民共和国劳动法〉若干问题的意见》，《劳动法》的适用范围具体如下。

① 各类企业和与之形成劳动关系的劳动者。

② 个体经济组织和与之形成劳动关系的劳动者。

③ 国家机关、事业组织、社会团体实行劳动合同制度的，以及按规定应实行劳动合同制度的工勤人员。

④ 实行企业化管理的事业组织的人员。

⑤ 其他通过劳动合同与国家机关、事业组织、社会团体建立劳动关系的劳动者。

《劳动合同法》在《劳动法》的基础上,扩大了适用范围,增加了民办非企业单位等组织作为用人单位,并且将事业单位聘用制工作人员也纳入本法调整。

企业是以营利为目的的经济性组织,包括法人企业和非法人企业(个人独资企业和合伙企业),是用人单位的主要组成部分。个体经济组织是指雇工 7 个人以下的个体工商户。民办非企业单位是指企业事业单位、社会团体和其他社会力量,以及公民个人利用非国有资产举办的,从事非营利性社会服务活动的组织。这些企业都需要适用《劳动合同法》,在用工过程中要与劳动者签订劳动合同。

二、订立劳动合同应当注意的问题

劳动合同是劳动者与用人单位确立劳动关系、明确双方权利和义务的协议。在用人单位与劳动者建立劳动关系的同时,应当订立劳动合同。

① 签订劳动合同要遵循平等自愿、协商一致的原则。平等自愿是指劳动合同双方地位平等,应以平等身份签订劳动合同。自愿是指签订劳动合同完全是出于本人的意愿,不得采取强加于人和欺诈、威胁等手段签订劳动合同。协商一致是指劳动合同的条款必须由双方协商达成一致意见后才能签订劳动合同。

② 签订劳动合同要符合法律、法规的规定。在订立劳动合同时,有些合同规定女职工不得结婚、生育子女,因工负伤协议"工伤自理",甚至签订了生死合同等显失公平的内容,违反了国家有关法律、行政法规的规定,使这类合同自签订之日起就成为无效或部分无效合同。因此,在签订合同前,双方一定要认真审视每一项条款,就权利、义务及有关内容达成一致意见,并且严格按照法律、法规的规定,签订有效合法的劳动合同。

③ 合同内容要尽量全面。劳动合同的内容分为必备条款和约定条款两部分。对于必备条款,合同必须写明;对于约定条款,双方当事人可以根据劳动关系的内容和需要来约定。合同内容要尽量全面,如果条款过于简单,则双方容易产生认识和理解上的分歧和矛盾。

④ 合同的语言表达要明确、易懂。依法签订的劳动合同是受法律保护的,它涉及当事人的权利、责任和利益,能够产生一定的法律后果。因此,签订劳动合同时,在语言表达和用词上必须通俗易懂,尽量写明确,以免发生争议。

劳动合同应当具备以下条款。

- 用人单位的名称、住所和法定代表人或主要负责人。
- 劳动者的姓名、住址和居民身份证或其他有效身份证件号码。
- 劳动合同期限。
- 工作内容和工作地点。
- 工作时间和休息休假。
- 劳动报酬。
- 社会保险。
- 劳动保护、劳动条件和职业危害防护。

● 法律、法规规定应当纳入劳动合同的其他事项。

三、可以在劳动合同中约定的事项

劳动合同除前面规定的必备条款外,用人单位与劳动者可以协商约定试用期、培训、保守商业秘密、补充保险和福利待遇等其他事项。

(一)试用期

试用期是指对新录用的劳动者进行试用的期限。用人单位与劳动者可以在劳动合同中就试用期的期限和试用期期间的工资等事项做出约定,但不得违反《劳动合同法》有关试用期的规定。《劳动合同法》对试用期限和工资标准做了明确的规定。试用期的合法权益如图8-2所示。

图8-2　试用期的合法权益

在试用期内,用人单位与劳动者之间的劳动关系尚处于不完全确定的状态。《劳动合同法》第二十一条规定:"在试用期中,除劳动者被证明不符合录用条件外,用人单位不得解除劳动合同。用人单位在试用期解除劳动合同的,应当向劳动者说明理由。"

(二)培训

培训是按照职业或工作岗位对劳动者提出的要求,以开发和提高劳动者的职业技能为目的的教育和训练过程。企业应建立健全职工培训的规章制度,根据本单位的实际对职工进行在岗、转岗、晋升、转业培训,对新录用人员进行上岗前的培训,并保证培训经费和其他培训条件。职工应按照国家规定和企业安排参加培训,自觉遵守培训的各项规章制度,并履行培训合同规定的各项义务,服从单位工作安排,搞好本职工作。

(三)保守商业秘密

商业秘密是不为大众所知悉,能为权利人带来经济利益,具有实用性并经权利人采取保密措施的技术信息和经营信息。劳动者因工作需要,了解或掌握了本企业的技术信息或经营信息等资料,如果企业事先不向劳动者提出保守商业秘密、承担保密义务的要求,有的劳动者就有可能带着企业的商业秘密另谋职业,通过擅自泄露或使用原企业的商业秘密,以谋取更高的个人利益。如果没有事先约定，企业往往难以通过法律讨回公道，从而使企业遭受重大经济损失。因此，用人单位可以在合同中就保守商业秘密的具体内容、方式、时间等，与劳动者约定，防止自己的商业秘密被侵占或泄露。

（四）补充保险

补充保险是指除了国家基本保险以外，用人单位根据自己的实际情况为劳动者建立的一种保险，它用来满足劳动者高于基本保险需求的愿望，包括补充医疗保险、补充养老保险等。补充保险的建立依用人单位的经济承受能力而定，由用人单位自愿实行，国家不做强制的统一规定，只要求用人单位内部统一。用人单位必须在参加基本保险并按时足额缴纳基本保险费的前提下，才能实行补充保险。因此补充保险的事项不作为合同的必备条款，由用人单位与劳动者自行约定。

（五）福利待遇

随着市场经济的发展，用人单位给予劳动者的福利待遇也成为劳动者收入的重要指标之一。福利待遇包括住房补贴、通信补贴、交通补贴、子女教育等。不同的用人单位福利待遇也有所不同，福利待遇已成为劳动者就业选择的一个重要因素。

四、劳动合同的履行

劳动合同的履行是指劳动合同双方当事人按照劳动合同的约定履行各自义务、实现各自权益的行为。

（一）用人单位在劳动合同履行中的义务

① 及时、足额支付劳动报酬。用人单位支付劳动者的工资不得低于当地的最低工资标准，工资应当以货币形式发放。劳动者的加班费也是其劳动报酬的一个重要组成部分，用人单位要严格按照《劳动法》的有关规定支付劳动者加班费。

② 提供劳动安全卫生保护。我国严格保护劳动者在履行劳动合同、进行生产劳动过程中的劳动安全卫生权利。在建筑物、工作场所和通道的安全技术条件、机器设备的安全条件、电器设备的安全装置、锅炉和压力容器的安全设施、建筑工程的安全技术条件、矿山安全技术条件等方面，我国都制定了大量的法律、法规、规程和标准，对用人单位提出了严格的义务性要求，用人单位必须遵照执行，切实保护劳动者的安全卫生权利。

（二）劳动者履行劳动合同约定中的义务

对于劳动者而言，必须遵守用人单位的规章制度和劳动纪律，认真履行自己的劳动职责，并且亲自完成劳动合同约定的工作任务。

五、劳动合同的解除

劳动合同的解除是指在劳动合同订立之后，劳动合同终止之前，劳动合同的当事人一方或双方根据自己的意愿提前终止劳动合同的行为。

（一）协商解除

用人单位和劳动者协商一致可以解除劳动合同。

（二）劳动者的单方解除

① 无过错解除。劳动者提前 30 日以书面形式通知用人单位，可以解除劳动合同。劳动者在试用期内提前 3 天通知用人单位，可以解除劳动合同。

② 过错解除。劳动者因为用人单位有过错可以解除劳动合同。《劳动合同法》第三十八条规定了以下两种情况。

一是普通性即时解除。这种即时解除要求劳动者在解除劳动合同时必须通知用人单位，有以下 6 种情形劳动者可以解除劳动合同：未按照劳动合同约定提供劳动保护或劳动条件的；未及时足额支付劳动报酬的；未依法为劳动者缴纳社会保险费的；用人单位的规章制度违反法律、法规的规定，损害劳动者权益的；因《劳动合同法》第二十六条第一款规定的情形致使劳动合同无效的；法律、行政法规规定劳动者可以解除劳动合同的其他情形。

二是特殊性即时解除。用人单位以暴力相威胁或非法限制人身自由的手段强迫劳动者劳动的，或者用人单位违章指挥、强令冒险作业危及劳动者人身安全的，劳动者可以立即解除劳动合同，不需事先告知用人单位。

（三）用人单位单方解除

① 过错解除。用人单位因劳动者的过错可以解除劳动合同。根据《劳动合同法》第三十九条的规定，劳动者有过错的 6 种情形，用人单位可以解除劳动合同：劳动者在试用期间被证明不符合录用条件的；劳动者严重违反用人单位的规章制度的；劳动者严重失职，营私舞弊，给用人单位造成重大损害的；劳动者同时与其他用人单位建立劳动关系，对完成本单位的工作任务造成严重影响，或者经用人单位提出拒不改正的；劳动者以欺诈、胁迫的手段或乘人之危，使用人单位在违背其真实意思的情况下订立或变更劳动合同，致使劳动合同无效的；劳动者被依法追究刑事责任的。

② 无过错解除。无过错解除是指用人单位非因劳动者有过错而解除劳动合同，分为两种情况。第一种是用人单位因为劳动者方面的原因解除劳动合同，即无劳动者过错但有劳动者的原因，因此可称为有因解除，包括以下情形：劳动者患病或非因工负伤，在规定的医疗期满后不能从事原工作，也不能从事由用人单位另行安排的工作的；劳动者不能胜任工作，经过培训或调整工作岗位，仍不能胜任工作的；劳动合同订立时所依据的客观情况发生重大变化，致使劳动合同无法履行，经用人单位与劳动者协商，不能就变更劳动合同达成协议的。

第二种是用人单位非因劳动者方面的原因解除劳动合同，即既无劳动者过错又无劳动者原因，而是用人单位因自身的经济原因、经营原因而解除劳动合同的。因而一直被称为"经济性裁员"。用人单位"裁员"应当按照《劳动合同法》规定的程序和要求进行。

无过错解除的禁止情形。劳动者具备一定条件的，《劳动合同法》禁止用人单位解除劳动合同。这些条件包括：从事接触职业病危害作业的劳动者未进行离岗前职业健康检查，或者疑似职业病病人在诊断或医学观察期间的;在本单位患职业病或因工负伤并被确认丧失或部分丧失劳动能力的;患病或非因工负伤,在规定的医疗期内的;女职工在孕期、产期、哺乳期的;在本单位连续工作满 15 年,且距法定退休年龄不足 5 年的;法律、行政法规规定的其他情形。

六、劳动争议的解决方式

劳动争议是用人单位与劳动者劳动关系不协调的表现。为保障劳动者的合法权益,并保障用人单位正常的生产和经营,劳动争议要合法、公正、及时处理,以防止劳动者与用人单位的矛盾激化,产生不必要的后果。

(一)劳动争议

劳动争议主要包括以下几个方面。
① 因企业开除、除名、辞退职工和职工、自动离职发生的争议。
② 因执行国家有关工资、保险、福利、培训、劳动保护的规定发生的争议。
③ 因履行劳动合同发生的争议。
④ 法律、法规规定的其他劳动争议事项。

(二)劳动争议的解决方式

① 调解。劳动争议发生后,当事人可以向本单位委员会申请调解。在用人单位内,可以设立劳动争议调解委员会。劳动争议调解委员会由职工代表、用人单位代表和工会代表组成。劳动争议调解委员会主任由工会代表担任。劳动争议经调解达成协议的,当事人应当履行。

② 仲裁。劳动争议仲裁委员会由劳动行政部门代表、同级工会代表、用人单位方面的代表组成。劳动争议仲裁委员会主任由劳动行政部门代表担任。提出仲裁要求的一方应当自劳动争议发生之日起 60 日内向劳动争议仲裁委员会提出书面申请。仲裁裁决一般应在收到仲裁申请的 60 日内做出。对仲裁裁决无异议的,当事人必须履行。

③ 诉讼。劳动争议当事人对仲裁裁决不服的,可以自收到仲裁裁决书之日起 15 日内向人民法院提起诉讼。一方当事人在法定期限内不起诉又不履行仲裁裁决的,另一方当事人可以申请人民法院强制执行。

项目实践

王某和刘某共同出资 10 万元成立了一家电脑公司,主要经营电脑产品及其配件的销售、维修等相关的合法业务。在公司的开办和经营过程中,涉及许多不熟悉的法律,如税法、合同法、劳动法、产品质量法等。请你帮助他们完成企业法律责任分析表。

法律责任		是否适合你的企业		详细内容	费用/元
		是	否		
税务	流转税（增值税等）				
	所得税（企业、个人所得税）				
	其他税目				
雇员	最低工资				
	工资时间				
	假日				
	安全卫生				
	休息休假				
	培训				
	竞业限制				
营业执照					
许可证					
保险	社会保险				
	财产保险				
	其他				
合同	供应商				
	中间商				
	雇用员工				
	股东				
产品或服务	质量保证				
	交货时间				
	售后服务				

参 考 文 献

[1] 车新业,陈谦. 35 岁前成为百万富翁的 16 堂创业课[M]. 北京:中国经济出版社,2010.

[2] 林祖媛,李昭志. 大学生创业教育实用教程[M]. 上海:上海交通大学出版社,2012.

[3] 刘常勇. 创业管理的 12 堂课[M]. 北京:中信出版社,2002.

[4] 杜俊峰. 大学生就业与创业指导[M]. 2 版. 天津:南开大学出版社,2016.

[5] 谢科范,陈刚,马颖,等. 创业团队的理论与实践[M]. 北京:知识产权出版社,2011.

[6] 杨小丽. 大众创业当老板创业思路与团队组建[M]. 北京:中国铁道出版社,2016.

[7] 迟英庆,陈文华,张明林. 创业理论与实务[M]. 南昌:江西人民出版社,2004.

[8] 宇琦,杨小清. 创业前的 8 堂必修课[M]. 北京:朝华出版社,2010.

[9] 李野新,周俊宏. 创业必修的 10 堂课[M]. 杭州:浙江人民出版社,2010.

[10] 戴冠宏. 打造超强创业团队[M]. 北京:中国铁道出版社,2016.

[11] 迟英庆,陈文华,张明林. 创业理论与实务[M]. 南昌:江西人民出版社,2004.

[12] 刘上洋. 中外创业创奇 100 例[M]. 南昌:百花洲文艺出版社,2012.

[13] 黄道平,华坚. 创新·创业与就业[M]. 2 版. 北京:机械工业出版社,2016.

[14] 贺彪,刘诏荡. 大学生创新与创业教程[M]. 天津:南开大学出版社,2013.

[15] 凡禹. 创业前三年大全集[M]. 北京:新世界出版社,2011.

[16] 龚燕,龚德才. 创业理论与实践[M]. 重庆:重庆出版社,2012.

[17] 王志凤. 大学生职业生涯规划与发展[M]. 北京:高等教育出版社,2016.

[18] 刘平. 创业攻略[M]. 北京:中国经济出版社,2008.

[19] 樊一阳,徐玉良. 创业学概论[M]. 北京:清华大学出版社,2010.

[20] 张小强. 今天,你创业了吗?[M]. 北京:清华大学出版社,2010.

[21] 杨华东. 中国青年创业案例精选[M]. 北京:清华大学出版社,2011.

[22] 莫里斯. 成功创业的 14 堂课[M]. 王聪,译. 北京:电子工业出版社,2010.

[23] 徐成响,罗朝能. 创业咨询师[M]. 北京:中国劳动社会保障出版社,2008.